T0131833

Die Löwen-Liga

Peter Buchenau · Zach Davis

# Die Löwen-Liga

## Tierisch leicht zu mehr Produktivität und weniger Stress

2., durchgesehene und ergänzte Auflage

Peter Buchenau
Waldbrunn, Deutschland

Zach Davis
Geretsried, Deutschland

ISBN 978-3-658-12406-9          ISBN 978-3-658-12407-6 (eBook)
DOI 10.1007/978-3-658-12407-6

Die Deutsche Nationalbibliothek verzeichnet diese Publikation in der Deutschen Nationalbibliografie; detaillierte bibliografische Daten sind im Internet über http://dnb.d-nb.de abrufbar.

Springer Gabler
© Springer Fachmedien Wiesbaden 2013, 2016

*Lektorat*: Stefanie Brich
*Illustrationen*: Ursula Brandl
*Coverdesigner*: deblik Berlin unter Verwendung von fotolia.de

Gedruckt auf säurefreiem und chlorfrei gebleichtem Papier.

Springer Gabler ist Teil von Springer Nature Die eingetragene Gesellschaft ist Springer Fachmedien Wiesbaden GmbH

# Danksagung

Ein Buchprojekt ist viel Arbeit und ein fabelartiges Buch sicher nicht einfacher als ein reines Sachbuch. Neben unseren Hauptjobs als Referenten ist sehr viel überlegt, recherchiert, geplant, abgesprochen und geschrieben worden. Alle Diskussionen drehten sich immer um den Gesamterfolg des Projekts und den Nutzen für den Leser. Dieses Buch ist zwar primär ein Gemeinschaftswerk von Zach Davis und Peter Buchenau. Aber alleine stemmt man ein solches Projekt nicht.

Zunächst möchten wir uns bei Ihnen, dem Leser, bedanken. Egal ob Sie das Buch bereits in der Hand halten, auf einem elektronischen Gerät lesen oder noch überlegen, ob Sie es kaufen: Was wären Bücher ohne Leser? Dann geht ein großer Dank an alle arbeitenden Menschen, die uns in Teilaspekten als gute (oder auch nicht so gute) Beispiele dienten. Ein besonderer Dank geht an unsere Lektorin Stefanie Brich, an die Journalistin Dagmar Möbius sowie an Zach Davis' Mitarbeiter Patrick Mertz für das Korrekturlesen. Unser Dank gilt ebenso Ursula Brandl, welche Lono und Kimba mit den vielen Zeichnungen, die das Buch bereichern, ein Gesicht gab. Last, but certainly not least: Danke an Peter Buchenaus Lebensgefährtin Bettina und die Familie von Zach Davis für das Verständnis für die vielen „Buchstunden".

# Einleitung

Die Löwen-Liga steht für eine Welt – ähnlich der Champions League beim Fußball –, in der die Anforderungen sehr hoch sind und sogar kontinuierlich steigen. Immer mehr Menschen fragen sich, wie sie die gestiegenen Anforderungen im Job überdurchschnittlich gut meistern sollen, ohne dass hierbei das Privatleben oder die Gesundheit auf der Strecke bleiben. Viele Menschen bekommen da alles irgendwie hin, haben aber den Eindruck, oft nur noch zu funktionieren statt zu leben.

Dieses Buch handelt von zwei Löwen, die in der Löwen-Liga leben. Beide haben ähnliche Voraussetzungen: Sie sind intelligent und haben eine gute Ausbildung. Sie entwickeln sich in vielen Punkten parallel. An manchen Stellen jedoch treffen sie leicht voneinander abweichend Endscheidungen, betrachten Dinge ein wenig unterschiedlich und handeln anders als der andere Löwe. Diese kleinen Unterschiede führen im Laufe der Zeit zu sehr unterschiedlichen Ergebnissen, Erlebnissen und Erfolgen. Hierbei ist die Figur Lono keinesfalls ein völlig versagender Loser, sondern einfach jemand, der Schwierigkeiten hat, den hohen Anforderungen gerecht zu werden und dabei nicht selbst auf der Strecke zu bleiben. Lono weiß nicht, dass es einige wenige Löwen gibt, die zwar dieselben Herausforderungen haben, aber hiermit erheblich besser klarkommen. Lono wäre verblüfft, zu wissen, dass es nur ein paar relativ einfache Dinge sind, die ihn davon abhalten, erfolgreicher und ausgeglichener zu sein. Die Figur Kimba ist nicht der perfekte Überflieger, der niemals einen Fehler macht. Aber er kann immer wieder kleine Erkenntnisse erzielen, die ihm helfen, produktiver zu sein, mehr zu schaffen in kürzerer Zeit, sein Stressniveau zu reduzieren, mehr Zeit für seine Familie zu haben und seine Gesundheit zu verbessern.

Auch wenn die Geschichte von Löwen handelt, so beziehen sich konkrete Angaben (beispielsweise wie viel man täglich trinken soll) natürlich auf den Menschen. Die Tipps sind keinesfalls tierärztliche Empfehlungen. Die Autoren sind Experten zu den Themenkomplexen Führung, Burnout und Stressregulierung (Peter Buchenau) einerseits und das Themengebiet sowie der Erhöhung der Umsetzungsquote von Entwicklungsmaßnahmen (Zach Davis). Ein paar Male schlüpfen sie im Text in Rollen und nennen sich Zach Löwis und Peter Löwenau. Beide sind Ratgeber und Experten auf ihrem jeweiligen Fachgebiet. Die beiden Autoren haben ihr Wissen gebündelt und in die Geschichte von Lono und Kimba zahlreiche Strategien zu einem ganzheitlichen Ansatz für mehr Lebenserfolg und Zufriedenheit integriert.

Begleiten Sie Lono und Kimba auf ihrem Lebensweg in der Löwen-Liga und lernen Sie dabei für sich selbst einfache Strategien für mehr Erfolg in allen Lebensbereichen, eine höhere Produktivität und ein geringes Stressniveau bei guter Gesundheit!

# Inhaltsverzeichnis

# 1

# Es ist, wie es ist – aber mach das Beste draus!

## Lono

Der erste Arbeitstag!

Lono steht am Anfang seiner Löwenkarriere. Erfolgreich hat er
an der angesehenen Löwen-Universität zu Löwenstein Informa-
tik studiert. Sein erster Job ruft, seine erste tolle Aufgabe. Durch
die Kontakte seines Mentors Prof. Dr. Löwenhardt hat er sich
vor drei Monaten bei Tiger & Meyer, einem angesehenen Unternehmen, beworben und auch den Job als Solutions-Architekt

© Springer Fachmedien Wiesbaden 2016
P. Buchenau und Z. Davis, *Die Löwen-Liga*, DOI 10.1007/978-3-658-12407-6_1

bekommen. Hier steht eine interne Umgestaltung der bestehenden Informatik-Infrastruktur an, um künftig die Kunden besser und effizienter bedienen zu können. Lono soll ein Teil dieses Projektes sein, er soll die Datenmigration der Bestandskunden auf das neue System durchführen. Heute ist sein großer Tag, sein erster Arbeitstag.

Er steht in der Empfangshalle und wartet auf Herrn Löwenhardt, den Bruder seines ehemaligen Mentors Prof. Löwenhardt, der ihn vor drei Monaten eingestellt hat. Zu seinem Erstaunen wird Lono aber von Herrn Müller-Wechselhaft empfangen, der ihm schon vor drei Monaten wegen seiner forschen und rechthaberischen Art aufgefallen ist. Beide begeben sich in Herrn Müller-Wechselhafts Büro, wo Lono offiziell begrüßt, aber auch gleich mit Veränderungen konfrontiert wird. „Tut uns leid, Ihnen mitteilen zu müssen", beginnt Müller-Wechselhaft das Gespräch, „Ihr vorgesehener Vorgesetzter, Herr Löwenhardt, weilt nicht mehr unter uns. Er hat das Unternehmen sehr kurzfristig verlassen – müssen. Auch die IT-Abteilung von Herrn Löwenhardt wurde umstrukturiert. Das vorgesehene Migrationsprojekt ist gestrichen worden. Aber keine Angst. Aufgrund Ihrer guten Zeugnisse haben wir uns entschlossen, Sie dennoch bei uns einzustellen. Sie berichten nun an mich. Ich werde Sie im Bereich Dokumentenmanagement einsetzen. Dort muss zurzeit viel aufgeräumt werden."

Diese Aussage trifft Lono hart. Er schnappt nach Luft und man merkt förmlich, wie sein Blutdruck steigt. Schweißperlen bilden sich auf seiner Stirn. „Dokumentenmanagement", denkt er sich leise. Das Langweiligste, was man in einem Unternehmen nur tun kann. Und dann noch dieser Müller-Wechselhaft als Vorgesetzter, hier werde er bestimmt nicht lange bleiben.

Innerlich hat er sich alles so schön vorgestellt. Er als Migrationsprojektleiter am Anfang seiner Karriere. Der Weg an die Spitze vorprogrammiert. Anerkennung von seinem Vorgesetzten, seiner Familie, seinen Freunden. Und nun Mitarbeiter im Dokumentenmanagement, wie soll er das erklären?

Widerwillig nimmt Lono den Job und die Aufgabe an. Er hat ja keine Wahl. Er muss arbeiten. Jetzt Nein sagen, kein Geld verdienen, wieder auf Stellensuche gehen ist für den Studienabgänger keine Alternative. Er hat lange genug die Schulbank gedrückt, er möchte sich nun endlich auch etwas leisten können. Und zudem, aus einer gesicherten Arbeitsstellung heraus kann man leichter einen neuen Job finden.

Etwas uninteressiert und demotiviert nimmt er die Aufgabe an. Das ständige Denken an „Was wäre, wenn" lässt ihn nicht zur Ruhe kommen. Seine Gedanken kreisen. Die Differenz zwischen Wunsch und Wirklichkeit bereitet Lono Kopfzerbrechen, bereitet ihm Stress. Wie sagte doch bereits Viktor Löwankl: „Stress ist, wenn du hier bist und dort sein möchtest."

Auf dem gesamten Nachhauseweg überlegt Lono, wie er dieses Ereignis seiner geliebten Frau Löwina beibringen soll. Sie hatte ihm heute Morgen noch viel Erfolg gewünscht und ihm zärtlich einen Kuss auf seine Löwenschnauze gegeben. Nun kann er ihr doch nicht die Wahrheit sagen? Was wird sie denken? Lono fühlt sich plötzlich als Versager. Wie jeder Löwe jagt er nach Anerkennung. Anerkennung, die er von seinen Eltern eigentlich nie so bekommen hat. Ja, die beiden haben Lono geliebt und lieben ihn immer noch, ohne Frage, aber irgendwie konnte er es seinen Eltern nie gut genug machen. Lono musste immer besser sein, egal was er tat. Vor der Haustür angekommen merkt er, dass er immer noch keine passende Antwort hat. Löwina begrüßt ihn mit den Worten: „Schatz, wie war es?" Eigentlich gar nicht so schlimm. Lono hat ja eine Aufgabe, eine sehr verantwortungsvolle sogar. Nun muss er einfach das Beste daraus machen. Für Lono ist das bereits am ersten Tag ein persönlicher Misserfolg, obwohl andere Beteiligte es gar nicht so sehen. Der Gedanke, nicht seinen Traumjob bekommen zu haben, beschäftigt ihn noch lange. Sehr spät erst schläft Lono ein. Bereits am nächsten Tag kommt er zu spät zur Arbeit. Das Aufstehen ist ihm schwergefallen. Sein Chef Herr Müller-Wechselhaft bekommt das mit. Ärger ist vorprogrammiert.

# Kimba

Hurra, der erste Arbeitstag!

Kimba steht am Anfang seiner Löwenkarriere. Erfolgreich hat er an der angesehenen Löwen-Universität zu Löwenstein Betriebs-wirtschaft studiert. Sein erster Job ruft, seine erste tolle Aufgabe. Durch seinen Mentor Prof. Geldhahn, der wiederum eine sehr gute freundschaftliche Beziehung zu Dr. Löwenhardt hat, konnte er sich vor drei Monaten bei Tiger & Meyer, einem angesehenen Unternehmen, vorstellen. Dort wurde ihm eine Position als Juni-

or-Projektleiter angeboten, welche er auch angenommen hat. Bei Tiger & Meyer steht eine umfassende interne Umgestaltung der bestehenden Informatik-Infrastruktur an, um künftig die Kunden besser und effizienter bedienen zu können. Kimba soll ein Teil dieses Projektes sein, er soll den betriebswirtschaftlichen Rahmen innerhalb des Projektes überwachen und als Projektcontroller fungieren. Heute ist sein großer Tag, sein erster Arbeitstag.

Er steht in der Empfangshalle von Tiger & Meyer. Diese ist hoch und in Weiß gehalten, wirkt edel, schlicht, aber doch eindrucksvoll. Kimba wartet auf Herrn Löwenhardt. Kontakte schaden bekanntlich ja nur dem, der keine hat, denkt er sich und grinst leise in seinen Löwenbart hinein. Herr Löwenhardt hatte ihn damals eingestellt. Die beiden hatten sich von Anfang an sehr gut verstanden. Zu seinem Erstaunen wird Kimba nach kurzer Wartezeit aber nicht von Herrn Löwenhardt, sondern von Herrn Müller-Wechselhaft empfangen, der ihm schon vor drei Monaten wegen seiner forschen und rechthaberischen Art aufgefallen ist. Beide begeben sich in Herrn Müller-Wechselhafts Büro, wo Kimba offiziell begrüßt, aber gleich mit Veränderungen konfrontiert wird. „Tut uns leid, Ihnen mitteilen zu müssen", beginnt Müller-Wechselhaft das Gespräch, „Ihr vorgesehener Vorgesetzter, Herr Löwenhardt, weilt nicht mehr unter uns. Er hat das Unternehmen sehr kurzfristig verlassen – müssen. Auch die IT-Abteilung von Herrn Löwenhardt wurde umstrukturiert. Das vorgesehene Migrationsprojekt ist gestrichen worden. Aber keine Angst. Aufgrund Ihrer guten Zeugnisse haben wir uns entschlossen, Sie dennoch bei uns einzustellen. Sie berichten nun an mich. Ich werde Sie als meine Assistenz einsetzen. Durch Ihre hervorragenden betriebswirtschaftlichen Kenntnisse sind Sie die optimale Verstärkung in meinem Team."

Kimba nimmt diese Ankündigung erstaunt, aber gelassen zur Kenntnis. Während des Studiums hat er das Schwerpunktthema Projektmanagement belegt und dadurch gelernt, dass Change Management, also die Begleitung der Veränderung des bestehenden Zustandes, die wichtigste Komponente in Projekten ist. „Nichts ist so beständig wie der Wechsel", hat sein Uni-Professor immer gesagt. Gut, persönliche Assistenz von Herrn Müller-Wechselhaft ist zwar nicht sein Traumjob, aber man kann das Ganze ja auch positiv sehen. Er muss zwar auf der einen Seite viel administrativen Kram erledigen, wie Ordnen, Lochen und Abheften, was mit Sicherheit eine gestandene Sekretärin viel besser könnte, aber dafür ist Kimba ganz nahe an einer wichtigen Position innerhalb des Unternehmens. Viele wichtige Drähte laufen bei Herrn Müller-Wechselhaft zusammen, etwas Besseres für seinen Einstieg hätte er als Berufsanfänger eigentlich nicht haben können. „Mach aus jeder Situation das Beste", dieses Motto hatte ihm während eines kurzen Praktikums bei der Deutschen Löwenkom ein älterer Ausbilder immer wieder zugeflüstert. Kimba konnte damals diesen Spruch schon gar nicht mehr hören, doch nun stellt er fest, dass dieser Spruch ihm selbst in Fleisch und Blut übergegangen ist. Und mit Müller-Wechselhaft als Vorgesetztem, da wird er sich bestimmt arrangieren. Kommunikation, mit anderen Löwen umgehen, war immer schon seine Stärke. Das motiviert ihn so sehr, dass Kimba in einer kurzen Pause via LiPhone das Buch „Wie führe ich meinen Chef" bestellt. Es kann ja nicht schaden, denkt er sich.

Natürlich nimmt Kimba die Aufgabe an. Er freut sich darauf, erzählt seiner Frau und seinen Freunden von der Veränderung und ist stolz, bei Tiger & Meyer angefangen zu haben. Endlich verdient er auch sein erstes richtiges Geld – schließlich hat er lange genug die Schulbank gedrückt. Natürlich denkt er auch gerne an die Schul- und Studienzeit zurück, an die Feten und Feste und das überwiegend unbekümmerte Leben. Doch nun wendet sich das Blatt. Kimba übernimmt Verantwortung. Interessiert und motiviert geht er die neue Aufgabe an. Die Differenz zwischen anfänglichem Wunsch und heutiger Wirklichkeit bereitet ihm kein Kopfzerbrechen und somit keinen Stress. Kimba ist hier angekommen. Was ist, das ist.

# 2

# Bekämpfe Meetingitis und andere Krankheiten

## Lono

Lono leidet unter Meetingitis!

Eine externe Unternehmensberatung war ein paar Wochen lang im Haus und hat dem Top-Lion-Management empfohlen, einige zentrale Bereiche auszulagern. Der Bereich von Lono ist zwar hiervon nicht direkt betroffen, aber durch die vielen Schnitt-

© Springer Fachmedien Wiesbaden 2016
P. Buchenau und Z. Davis, *Die Löwen-Liga*, DOI 10.1007/978-3-658-12407-6_2

stellen zur zentralen Lioning-Abteilung, die an einen externen Dienstleister abgegeben wird, bringt die Entscheidung diverse Ablaufänderungen für Lonos Abteilung mit sich. Das erste Meeting mit dem neuen Dienstleister ist für den ganzen Tag angesetzt.

Die Aussicht, einen ganzen Tag im Meeting zu verbringen, ist für Lono nicht gerade mit Vorfreude verbunden – hoffentlich gibt es ausreichend Kaffee, um das durchzustehen, denkt er. Als das Meeting losgeht und Lonos Augen über die Agenda wandern, stellt er fest: Inhaltlich sind viele Punkte wichtig, aber auf einige Punkte hätte man gut und gern verzichten können. Manche Themen ziehen sich wie Kaugummi, denkt sich Lono während der Ausführungen des externen Dienstleisters über deren neuen, voll integrierten Outsourcing-Excellence-Ansatz. Lonos Gedanken springen zwischen den einzelnen Lionpoint-Effekten vom Thema weg: Er ist müde. Er macht sich Sorgen um sein Tagesgeschäft, für das er wohl noch weniger Zeit haben wird als bisher. Immer wieder schießt ihm das Wort „Bullshit-Bingo" in den Kopf, wenn mal wieder eine anglizistische Worthülse fällt. Er stellt fest, dass er die meiste Zeit im Meeting zwar physisch anwesend ist und einigermaßen die Form nach außen hin wahrt – aber hoffentlich schaut keiner so genau auf ihn und sieht, wie angeschlagen er wirklich ist, denkt er sich. Einerseits leistet die Abdunkelung des Raums einen weiteren Beitrag zur Müdigkeit, andererseits ist die Müdigkeit selbst weniger stark sichtbar, wägt Lono selbstironisch ab. Lono fragt sich, wie viele andere Anwesende wohl Ähnliches erleben. Wie viele Löwen es wohl weltweit an einem beliebigen Wochentag so gebe, die sinnlos Zeit in Meetings vergeuden. Eigentlich müsste man hierzu mal eine Unternehmensberatung gründen, um Löwen Mensch zu zeigen, wie Meetings laufen sollten, kommt Lono in den Sinn. Wenigstens gibt es bei solchen ganztägigen Meetings immer leckeres Mittagessen vom Lion-Wok-Express.

Endlich ist dann auch Mittagspause: Beim Essen kommt er mit einigen „zukünftigen Kollegen" ins Gespräch. Anfangs ist der Umgang noch sehr förmlich. Jeder will einen guten Eindruck machen. Nach und nach wird es aber bei einigen Anwesenden ein wenig lockerer. Ab und zu blinzelt der Löwe durch die geschäftliche Rolle hindurch. Nach dem Mittagessen wird es wieder förmlicher und sachlicher. Es geht weiter mit Best-Practice-Beispielen des Dienstleisters. Die Storys kennt Lono bereits, weil er schon bei der Auswahl des Dienstleisters dabei war. Die Kombination aus dem leckeren Mittagessen und der Tageszeit macht sich bei Lono zunehmend bemerkbar. Um 17 Uhr ist das quälend lange Meeting endlich vorbei.

Zurück an seinem Arbeitsplatz, sieht Lono, dass er alleine heute 54 neue Lion-Mails erhalten hat und dass vier Nachrichten auf seinem Festnetz-Anrufbeantworter sowie acht Nachrichten auf seiner Mobilbox auf ihn warten. Zumindest haben sich drei von den vier Nachrichten auf dem Anrufbeantworter von selbst erledigt, weil diese Löwen Person auch auf die Mobilbox gesprochen haben. Lono versucht, die Menge abzuarbeiten. In der ersten Stunde bis 18 Uhr fällt dies schwer, da er sehr oft durch Anrufe oder persönlich vorbeikommende Kollegen unterbrochen wird. Danach wird es ruhiger. Aber letztlich dauert es bis in den Abend hinein, bis er wenigstens das Dringendste abgearbeitet hat.

In der darauffolgenden Woche geht es in Bezug auf die Meetings so weiter wie bisher: Die Montagmorgenrunde dauert im Schnitt zwei Stunden und ist mal mehr und mal weniger produktiv. Bei den diversen Meetings mit dem externen Dienstleister und den Mitarbeitern der direkt betroffenen zentralen Abteilung ist es ähnlich. Aber was soll man auch machen bei so einem großen Unternehmen, fragt sich Lono. Das mit den vielen Meetings ist wohl einfach so, vor allem wenn man zunehmend Verantwortung erhält, begründet Lono die Situation für sich selbst. Zwei Dinge frustrieren ihn hierbei: Zum einen hat er auf einer praktischen Ebene schlichtweg zu wenig Zeit für seine eigentlichen Hauptaufgaben, deren Erledigung mit guten Ergebnissen von ihm erwartet wird. Der Ergebnisdruck ist gestiegen, die Anforderungen an das Reporting und in Bezug auf manche gesetzlichen Vorgaben sind gestiegen – ganz zu schweigen von immer kürzeren Realisierungszeiten, die durch Kundenwünsche direkt oder indirekt an ihn herangetragen werden. Der zweite Punkt, der ihn immer mehr nervt, ist, dass er immer stärker das Gefühl hat, die Dinge nicht mehr voll im Griff zu haben und zunehmend fremdgesteuert zu sein.

## Kimba

Erhöhe die Meeting-Produktivität!

Eine externe Unternehmensberatung war ein paar Wochen lang im Haus und hat dem Top-Lion-Management empfohlen, einige zentrale Bereiche auszulagern. Der Bereich von Kimba ist zwar

hiervon nicht direkt betroffen, aber durch die vielen Schnittstellen zur zentralen Lioning-Abteilung, die an einen externen
Dienstleister abgegeben wird, bringt die Entscheidung diverse Ablaufänderungen für Kimbas Abteilung mit sich. Das erste
Meeting mit dem neuen Dienstleister ist für den ganzen Tag
angesetzt.

Im Meeting angekommen, betrachtet Kimba die Agenda. Viele Punkte erscheinen ihm wichtig. Bei einigen Unterthemen befürchtet er eine Folienschlacht ohne wirklichen Nutzen. Vor allem
der Teil, in dem sich der neue Dienstleister von seiner besten Seite zeigen will, dauert Kimba einfach zu lange. Die Entscheidung
ist ohnehin bereits gefallen und die Verträge sind unterschrieben.
Was soll das Ganze dann zu diesem Zeitpunkt noch, fragt sich
Kimba. Kimba merkt, dass leichter Ärger in ihm hochkommt,
entscheidet aber, dies innerlich zu akzeptieren und nicht aktiv ein-
zugreifen. Nach einer kurzen Abwägung sieht Kimba seine Zeit
immer noch wegticken, will aber das Verhältnis nicht schon durch
möglicherweise verfrühte kritische Worte gefährden. Gleichzeitig
fragt er sich während der schon gehörten Erfolgsbeispiele, wie er
die Meetings und generell die Kommunikation mit dem Dienstleister zukünftig produktiver gestalten kann. Bei der Vorbereitung
der Umsetzung der Auslagerung ist zu befürchten, dass der Ab-
stimmungsaufwand sehr hoch sein wird. Kimba befürchtet, dass
er sprunghaft mehr Zeit in Meetings und am Telefon verbringen
wird als bisher und hierdurch seine eigentlichen Aufgaben zu kurz
kommen werden. Er fragt sich, was er optimieren kann, zunächst
in Bezug auf die Produktivität in Meetings. Hierbei fällt ihm auf,
dass er mit der Produktivität in den Montagsrunden in seiner Abteilung auch nicht ganz zufrieden ist.

Kimba entscheidet, der Montagsrunde einen neuen Tenor zu
geben und ein paar Dinge zu ändern. Die Agenda hat bisher immer die gleichen Punkte zum Inhalt. Einen davon streicht er komplett – das Thema war mal wichtig, hat aber an Bedeutung verloren und muss nicht mehr mit allen Teilnehmern wöchentlich

besprochen werden. Einen anderen Agenda-Punkt, der oft zeitlich ausufert, formuliert er um, von „Neuigkeiten zu XY" zu „Entscheidend Neues zu XY, das alle wissen müssen". Dann gibt es ein Thema, das primär immer nur von zwei Löwen besprochen wird. Hier fragt er die beiden Beteiligten, ob sie damit einverstanden sind, dass das Thema in einem „Spezialisten-Treffen" unter vier Augen diskutiert wird. Durch Kimbas geschickte Vermittlung dieses Wunsches gibt es hierbei keinerlei Widerstände.

Bisher war das Meeting immer um 10 Uhr am Montag angesetzt und dauerte bis ca. 12 Uhr. Dies ist schon so, seit Kimba im Unternehmen ist. Meistens startet das Meeting aber tatsächlich erst gegen 10:10 oder gar 10:15 Uhr so richtig, weil einige Teilnehmer noch bis ca. 10 Uhr in einem anderen Meeting sitzen. In der Regel sieht sich das Meeting dann bis zum Mittag hin. Kimba entscheidet sich für ein Experiment: Er setzt das Meeting auf 11:10 Uhr, mit dem Hinweis, dass es dann aber pünktlich und straff losgeht. Nach dem ersten Meeting in dieser neuen Form ist Kimba überrascht, dass man dennoch um kurz nach 12 Uhr mit dem Meeting fertig ist. Interessanterweise bleibt dies so. Kimba ist selbst verblüfft, dass eine halbe Stunde Nachdenken und Planung einen solchen Effekt haben kann.

Kimba fragt sich, inwiefern er manche dieser Erkenntnisse auch auf die Meetings mit dem neuen externen Dienstleister übertragen kann. Hier ist er nicht offiziell zuständig. Als erste vorsichtige Maßnahme entscheidet er, zunächst einmal die Agenda vorab anzufordern, damit er sich vorbereiten kann. Hierbei stellt er fest, dass die Themen, bei denen er betroffen ist und zu denen er auch sinnvoll beitragen kann, nur die ersten fünf von zwölf Themen sind. Er kündigt vor dem Meeting an, dass er an diesem Tag stark unter Zeitdruck steht und daher plane, nur für die fünf Themen aus seinem Bereich dabei zu sein. Kimba hat hierbei gemischte Gefühle. Eigentlich ist es nicht üblich, das Meeting vorzeitig zu verlassen. Sachlich hält er es jedoch für sinnvoll. Etwas überrascht ist er dann, als sein Abschied im Meeting

keine besonders bemerkenswerte Reaktion hervorruft. Noch stärker überrascht ist Kimba, als einige Kollegen im Laufe der Zeit
anfangen, es ähnlich zu praktizieren: Bei einem Meeting sind
zwei Kollegen nur am Ende dabei. Insgesamt wird – ohne dass
dies jemand explizit als Ziel formuliert hätte – bei der Planung
der Meetings verstärkt inhaltlich gruppiert und die Frage gestellt,
wen es wann und für welche Agendapunkte braucht.

# 3

# Atme ein und atme aus – im regelmäßigen Wechsel!

## Lono

Außer Atem beim Rasenmähen!

Lono hat sich mittlerweile mit seiner Teilprojektleiterstelle bei Müller-Wechselhaft abgefunden. Es ist weiterhin nicht sein Traumjob, aber durch das erst kürzlich gebaute Haus hat er finanzielle Verpflichtungen. Ohne diesen Job könnte er seiner

© Springer Fachmedien Wiesbaden 2016
P. Buchenau und Z. Davis, *Die Löwen-Liga*, DOI 10.1007/978-3-658-12407-6_3

Frau Löwina und seinen beiden Löwenkindern Lion und King nicht diese Annehmlichkeiten der schönen Wohngegend bieten. Der Kindergarten ist sehr nah und auch die Schule, auf die die Kinder später gehen werden, ist nur einen Großkatzensprung entfernt. Eigentlich ideale Voraussetzungen für ein intaktes Familienleben. Aber Verpflichtungen muss man einhalten, das hat nicht nur sein Vater gesagt, sondern das sagt auch sein Bankberater Herr Geldmacher, ein kleiner, untersetzter Mann, immer mit Taschenrechner und Schreibblock bewaffnet, immer auf der Suche nach Profit. Da Herr Geldmacher oder besser gesagt die Bank Leu & Co. die Hypothekenraten regelmäßig einzieht, muss Lono auch die eine oder andere Überstunde leisten, um nicht ins finanzielle Hintertreffen zu gelangen. Er leistet diese Überstunden gerne, nicht der Arbeit wegen und auch nicht Herrn Müller-Wechselhaft zuliebe – nein, nur für sich, für seine Familie und des Geldes wegen. Daher ist Lono stets bei der Vergabe von Projekten mit dabei. Man könnte manchmal meinen, er drängele sich sogar vor.

In der Folge kommt Lono regelmäßig spät nach Hause. Auch Wochenend- und Feiertagseinsätze sind immer öfter dabei. Dies kommt Lono gerade recht, denn er braucht ja das Geld, schließlich möchte er sich selbst und seiner Familie etwas bieten. Da ist sie wieder, die Jagd nach Anerkennung und Ruhm.

Doch nach einem langen und harten Arbeitstag zu Hause angekommen, sitzt Lono dann meist nur vor dem Fernseher: Er schaut seine Lieblingsserie „Die Löwenstraße" und genießt dazu ein kaltes Löwenbräu. Kaum ein Wort fällt. Löwina ist dabei in letzter Zeit immer öfter aufgefallen, dass Lono kurzatmiger geworden ist. Das kennt sie von ihm gar nicht. Er schnappt öfters nach Luft und atmet kurz und oberflächlich, sie sieht nur, dass der obere Brustkorb sich bei ihrem Löwenliebling senkt und hebt. Das wundert Löwina sehr, denn sie kennt ihren Lono als aktiven Draufgänger, der immer sportlich unterwegs war. Darauf angesprochen reagiert Lono mit energischer Stimme, dass dies nicht stimme. Er streitet die Symptome ab. Seine Atmung sei ganz normal, die sei nie anders gewesen, so Lono. Aber nicht nur die Atmung hat sich verändert. Auch die Stimmfrequenz hat sich verändert, stellt Löwina für sich fest, ohne es zu äußern. Irgendwie hat sie das Gefühl, dass die Stimmlage von Lono neben dem energischen Ton auch höher geworden ist. Sie kann sich das aber nicht erklären.

Um den Familienfrieden zu wahren, hakt sie dann nicht weiter nach – ihr Lono hat es ja schon schwer genug, denkt sie und so möchte sie ihm nicht auch noch auf den Geist gehen. Es reicht schon, wenn es dieser Müller-Wechselhaft den ganzen Tag tut, so die Aussage seitens Lono. Eigentlich sollte Lono sich einfach mehr bewegen, wieder mal eine Runde spazieren gehen, frische Luft schnappen. Aber nichts dergleichen, selbst beim einfachen Rasenmähen kommt er so heftig aus der Puste, dass er schnell zu schwitzen anfängt und sich eine längere Verschnaufpause gönnen muss. Aber bei den vielen Überstunden, die Lono leistet, bleibt einfach keine Zeit, um sich zu bewegen, geschweige denn Sport zu machen. Diese Standardausrede hört Löwina immer häufiger.

Irgendwo hat Löwina mal gelesen, dass ein gesunder Löwe im Ruhezustand ungefähr zehn bis zwölf Atemzüge pro Minute macht. Das sind ungefähr 15.000 Atemzüge pro Tag. Das Atmen ist allen Löwen in Fleisch und Blut übergegangen, sie zählen nicht mit, es funktioniert automatisch. Die Atmung versorgt den starken Körper mit notwendigem Sauerstoff. Sauerstoff bringt Energie und Kraft. Er regt zur Steigerung der Denkleistung an. Wie heißt es so schön? 30 Tage kommt ein Löwe ohne Essen aus, drei Tage ohne Wasser, aber nur drei Minuten ohne Sauerstoff. Hoffentlich hat er ein Büro mit frischer Luft oder sogar ein Büro, in dem man das Fenster aufmachen kann, so hofft sie. Sie hat genug Geschichten darüber in den Nachrichten gehört, dass es gerade in Löwhattan, dort, wo Tiger & Meyer ihren Hauptsitz haben, in den Wolkenkratzern fast unmöglich ist, die Fenster zu öffnen. Dort könnte sie nie arbeiten. Keine frische Luft, keine Klimazonen, tagein und tagaus die gleiche Temperatur, zum Teil künstliches Licht, Lärm – kein Wunder, dass ihr Löwengatte dort krank wird. Doch wie schafft sie es, ihrem geliebten Lono zu erklären, dass mit seiner Atmung etwas nicht stimmt? Sie beschließt, sich im Internet Hilfe zu suchen, dort ist ja bestimmt etwas beschrieben.

# Kimba

Frische Luft hält die Liebe frisch!

Kimba hat sich in seiner Assistentenrolle mittlerweile gut eingelebt. Es ist zwar auch nicht sein Traumjob, aber durch das erst kürzlich gebaute Haus, nach Vorbild einiger Häuser in Beverleu Hills, hat er große finanzielle Verpflichtungen. Aber immer mehr wird ihm auch deutlich, dass die Position als Assistenz einer Führungskraft einige sehr große Vorteile zu bieten hat. So nah an das

Managementgeschehen, so nah an strategische und vertrauliche Entscheidungen kommt man als Berufseinsteiger nur selten heran. Es ist eine der wichtigsten Schnittstellen bei Tiger & Meyer, was Kimba immer mehr und mehr versteht. Natürlich ist diese Aufgabe mit einer Menge Überstunden verbunden. Sehr oft kommt Müller-Wechselhaft kurz vor Feierabend und bringt die gesammelten Werke des Tages, welche natürlich noch bis zum nächsten Morgen erledigt werden müssen. Oft kommt Kimba dadurch nicht vor 20 Uhr nach Hause. Am Anfang hat ihn das gestört, doch nun hat er sich arrangiert. Er hat mit seiner Frau einige klärende Gespräche geführt und eine Lösung gefunden. Da Müller-Wechselhaft selten vor 10 Uhr morgens in die Firma kommt, beginnt Kimba auch nicht vor 9 Uhr zu arbeiten. Dies bietet ihm die Zeit, sich morgens um seine Löwenkinder Tick, Tack und Tuck zu kümmern. Seine Löwenfrau Pantera kümmert sich dann abends um die Löwenbande. So erleben die Löwenkids den Papa am Morgen und die Mama am Abend. Wenn Kimba am Abend nach Hause kommt, sind die Kinder meist im Bett und die beiden Eltern haben Zeit für sich. Auch natürlich mal zum Kuscheln. An einzelnen Tagen kommt Kimba aber deutlich früher nach Hause. Diese Tage nutzen die beiden dann meist für sich und beide gehen zuerst eine Runde im nahe gelegenen südafrikanischen Garten spazieren, um – wie es Kimba ausdrückt – einfach frische Luft zu schnappen. Kimba hat festgestellt, dass die halbe Stunde Frischluft ihm einfach guttut. Es regt nicht nur seine Kreativität an, sondern auch seine Verdauung, er schläft besser und er kommt am Morgen wesentlich einfacher und ausgeschlafener aus den Federn. Wie wichtig aber frische Luft und richtiges Atmen gerade in Stresssituationen sind, durfte er vor kurzem in einem Inhouse-Seminar miterleben. Die Personalabteilung organisierte für alle Führungskräfte ein Seminar zum Thema Work-Life-Balance mit dem Titel „Souverän unter Belastung". Herr Müller-Wechselhaft hat ermöglicht, dass Kimba als Nachwuchskraft teilnimmt. Kimba war extrem stolz, als einzige Nichtführungskraft dabei zu sein. Der Trainer

Leo Löwenstark schilderte eindrucksvoll, wie wichtig gerade das richtige Atmen unter Belastung ist. In unserem Gehirn sind zwei verschiedene „Organe" für die Aktivierung und die Reduzierung der Leistungsbereitschaft unseres Körpers verantwortlich, zusammen auch das vegetative Nervensystem genannt: der Sympathikus und der Parasympathikus. Der Sympathikus bewirkt insgesamt eine Leistungssteigerung des Organismus. Er versetzt den Körper in hohe Leistungsbereitschaft, bereitet ihn auf Angriff oder Flucht und andere außergewöhnliche Anstrengungen vor. Der Parasympathikus ist, vereinfacht gesprochen, der Gegenspieler. Während ersterer eine allgemein aktivierende Funktion hat, zielt letzterer der Parasympathikus auf die Beruhigung und Regeneration des Körpers ab. Diese Regulation erfolgt weitgehend ohne bewusste Wahrnehmung und kann kaum willentlich beeinflusst werden. Man kann die beiden Teile mit den Pedalen beim Autofahren vergleichen. Der Sympathikus ist das Gaspedal und ist für die Beschleunigung zuständig, der Parasympathikus ist das Bremspedal, also zuständig für das Reduzieren der Geschwindigkeit oder für das Bremsen in Gefahrensituationen. Beim Autofahren kann man nicht permanent immer nur auf dem Gaspedal stehen. In einer der ersten Kurven würde man aus der Kurve getragen werden. Wer gut Auto fährt, betätigt Gas- und Bremspedal in einem ausgewogenen, situationsangepassten Verhältnis. Der gute Autofahrer reguliert somit die Geschwindigkeit. So wie die Pedale im Auto funktioniert auch der Löwenkörper. Beim Einatmen wird der Sympathikus, also das Gaspedal, aktiviert. Somit erklärt sich dann auch die Kurzatmigkeit unter Stress, denn dann verlangt der Körper automatisch mehr Luft. Beim Ausatmen dagegen wird der Parasympathikus aktiviert. Der Körper wird daher gebremst.

Nun versteht Kimba auch, warum bei allen Atemtechniken das Ausatmen längere Zeit in Anspruch nimmt und explizit langsames Ausatmen gelehrt wird. Damit wird die Körperaktivität reduziert und Stress abgebaut. Langsames, bewusstes Atmen ist daher belastungsreduzierend und somit kreislaufregulierend.

# 4

# Setze Prioritäten und kämpfe darum wie ein Löwe!

© Springer Fachmedien Wiesbaden 2016
P. Buchenau und Z. Davis, *Die Löwen-Liga*, DOI 10.1007/978-3-658-12407-6_4

# Lono

Lono ist ein guter Helfer!

Lono bekommt vom Top-Management nahegelegt, die Leitung eines strategischen Projekts zu übernehmen. Eigentlich ist er mit seinem Tagesgeschäft bereits stark ausgelastet. Andererseits ist das Projekt sicherlich eine Chance, auf dem Radar des Top-Managements aufzutauchen und positiv aufzufallen sowie den betreffenden Unternehmensbereich maßgeblich mitzugestalten. Zudem wurde er am Vorabend im Verein gefragt, ob er nach langjähriger Mitgliedschaft einen Vorstandsposten übernehmen wolle.

Im Verein ist Lono schon seit vielen Jahren Mitglied. Einen Vorstandsposten im Verein hatte sich Lono bereits als junger Löwe gewünscht. Er hatte damals schon mit Bewunderung zu den Vorstandsmitgliedern aufgeschaut. Lono zögert keine Sekunde, denn schließlich wisse man nicht, wann sich diese Gelegenheit nochmal biete. Nach seiner Zusage wurden gleich Nägel mit Köpfen gemacht. Es folgte die klassische Abstimmung per Handzeichen im Verein. Lono wurde gleich ohne Gegenstimme, bei einer Enthaltung, gewählt. Der Abend im Verein geht mit einigen weiteren Regularien und ein paar Schnäpsen zu Ende. Lono bestellt sich zur Sicherheit ein Taxi.

Nach ein paar Minuten im Taxi, überkommt Lono ein merkwürdiges Gefühl, das er zunächst nicht genau deuten kann. Lono versucht sich, trotz eines Alkoholpegels knapp über der Fahrtüchtigkeit, ein wenig zu konzentrieren, um sich gedanklich zu sortieren. Es war eine merkwürdige Situation: Einerseits freut sich Lono über den neuen Posten im Verein, andererseits ist seine Arbeitsbelastung ohnehin schon so hoch. Man wächst mit seinen Aufgaben, denkt er sich. Zu Hause angekommen, freut sich Lono sehr auf sein Bett, in das er sich plumpsen lässt.

Am nächsten Morgen ist das Vereinsthema gedanklich weit weg, als er von LEO Rick Löwenherz in dessen eindrucksvolles Büro mit zwei Vorzimmern gebeten wird. Als ihm die Projektleitung angeboten wird, sieht Lono die Gelegenheit, sich zu beweisen, und fühlt sich zudem verpflichtet, die verantwortungsvolle Aufgabe zu übernehmen. Entsprechend zögert er nicht und sagt gleich zu. Seinem Chef gegenüber geht ihm locker über die Lippen, dass das Tagesgeschäft schließlich Routine sei und er somit recht kurzfristig in das Projekt einsteigen könne. Die Freude über diese Möglichkeit gibt ihm für ein paar Stunden ein wenig Rückenwind. Den Rest des Tages löscht Lono diverse Brände, macht einige Rückrufe und beantwortet zahlreiche Lion-Mails. So klingt der, wieder einmal recht lange, Arbeitstag aus wie die meisten Tage: Manche Dinge sind erledigt, andere bleiben liegen.

Nach Feierabend kommt Lono nach Hause und stellt fest, dass seine Frau und die Kinder schon lange gegessen haben und die Kinder bereits im Bett sind. Na ja, es ist ja auch nicht mehr ganz so früh, wird Lono beim Blick auf die Uhr klar. Irgendwie hatte er die Zeit an diesem ereignisreichen Tag aus den Augen verloren. Wie an den meisten Tagen, isst Lono also sein Abendessen alleine. Anschließend setzen sich Lono und seine Frau ins Wohnzimmer. Lono erzählt mit einer leichten Begeisterung in seiner Stimme von der neuen Projektleitungsaufgabe. Seine Frau ist zwar nicht begeistert, weil sie weiß, dass es noch mehr Arbeit und noch weniger Zeit daheim bedeuten wird, aber sie sagt nicht viel dazu. Zudem macht sie sich Sorgen um Lonos Gesundheit, die in den letzten Jahren nicht gerade besser geworden ist. Als Lono ein wenig später beim Fernsehen in einem Nebensatz vom Vorstandposten im Verein erzählt, kann seine Frau nicht mehr inne halten. Sie fragt ihn, ob er noch alle Tassen im Lionboard habe. Für Berufliches hat sie ein ordentliches Maß an Verständnis. Aber wenn er die geringe Freizeit auch noch im Verein verbringt, statt mit ihr und den Kindern, dann wird sie sauer und deutlich. Lono ist völlig perplex in Bezug auf die Reaktion seiner Frau. Er fragt sich, was denn los sei. Sie fühlt sich überhaupt nicht verstanden. Sie hat den Eindruck, dass er noch nicht einmal versteht, was ihr Problem ist. Dabei ist es aus ihrer Sicht völlig offensichtlich, dass er seine Prioritäten im Leben überhaupt nicht im Griff hat. Es entwickelt sich ein heftiger Streit. Beide packen auch Dinge aus, die eigentlich nicht zum aktuellen Thema gehören, aber aus vergangenen und aktuellen Frustrationen heraus entstanden sind. Zwar beruhigt sich die Lage nach einer Weile wieder, aber die beiden gehen ohne ein konstruktives Gespräch, geschweige denn besprochene Lösungsoptionen oder eine wirkliche Versöhnung, ins Bett.

Lono schläft zwar ein, wacht aber in der Nacht viele Male auf und schläft insgesamt sehr unruhig. Löwina liegt noch lange wach und fragt sich, wie das bloß alles weitergehen soll.

## Kimba

Wäge ab und lerne, „Nein" zu sagen!

Kimba bekommt vom Top-Management nahegelegt, die Leitung eines strategischen Projekts zu übernehmen. Er sieht das als Beförderung für seine guten Leistungen. Eigentlich ist er mit seinem Tagesgeschäft bereits stark ausgelastet. Andererseits ist das Projekt sicherlich eine Chance, auf dem Radar des Top-Managements aufzutauchen und positiv aufzufallen sowie den betreffenden Unternehmensbereich maßgeblich mitzugestalten. Zudem wurde er am Vorabend im Verein gefragt, ob er nach langjähriger Mitgliedschaft einen Vorstandsposten übernehmen wolle.

Kimba entscheidet, nichts zu überstürzen und sich in Ruhe ein paar Gedanken zu machen. Er bittet das Top-Lion-Management um einige Tage Bedenkzeit, um zu prüfen, ob das Projekt mit dem Management des Tagesgeschäfts vereinbar ist, und sich zudem mit ein paar Mitarbeitern auszutauschen. Die Wortwahl bei der Bitte um ein wenig Bedenkzeit hatte sich Kimba gut überlegt. Er wollte einerseits nicht den Eindruck entstehen lassen, dass er nicht an der Gelegenheit interessiert sei, und andererseits nichts überstürzen. Kimba lässt hierbei einfließen, dass ihm die Bedeutung des Projekts durchaus bewusst sei und er nur zusagen wolle, wenn er sowohl dem Projekt als auch seinem Tagesgeschäft gut gerecht werden könne. LEO Rick Löwenherz empfindet dies als sehr verantwortungsvoll. Nicht explizit erwähnt – aber es ist durchaus ein wichtiger Grund für die Bitte um Bedenkzeit – hatte Kimba, dass er sich mit seiner Frau besprechen will. Er weiß, dass er vor allem in besonderen Belastungsphasen nicht auch noch Spannungen mit seiner Frau haben will. Wichtiges bespricht er grundsätzlich auch mit seiner Frau. Er will auch schlichtweg nichts machen, das ihn zwar beruflich vorwärtsbringt, aber stark zum Nachteil seiner Familie ist. Die warnenden Beispiele kennt er zur Genüge. Fortschritt in einem Lebensbereich bei gleichzeitigem Rückschritt in einem anderen Lebensbereich ist insgesamt betrachtet lediglich Veränderung ohne Fortschritt, beurteilt Kimba.

Den Verein hatte er ohnehin um Bedenkzeit bis zur nächsten Sitzung gebeten. Er hat sich generell angewöhnt, nicht immer sofort Dinge zuzusagen. Nach dem Arbeitstag kommt Kimba nach Hause. Die Familie isst gemeinsam zu Abend. Nachdem die

Löwenkinder im Bett sind, sitzen Kimba und seine Lion-Lady Pantera vor dem Kamin. Das Feuer lässt Erinnerungen aus ihrer Anfangszeit aufflammen. Die beiden reden über die Kinder und Alltagsthemen. Nach einer Weile erzählt Kimba von der möglichen Projektleitung und dem angebotenen Vorstandsposten im Verein. Kimba betont aber gleich zu beginn, dass nichts zugesagt ist und er erst die Meinung seiner Frau hören und nichts auf Kosten der Familie verändern will. Die im ersten Moment aufkeimenden Befürchtungen der Lion-Lady weichen einer sachlich-neutralen Gesprächsatmosphäre. Kimba erklärt seiner Frau, dass er beruflich durchaus noch weiterkommen will, aber nicht um jeden Preis. Die beiden diskutieren bis in die frühe Nacht hinein. Gemeinsam entschließen sie, dass er die Projektleitung übernimmt. Zum Vorstandsposten im Verein entscheidet Kimba ohne Drängen seiner Frau, diesen nicht anzunehmen. Vor zehn Jahren wäre er vor Freude in die Luft gesprungen, wenn ihm ein Vorstandsposten im Verein angeboten worden wäre. Ihm ist aber klar geworden, dass die aktuelle Lebenssituation eine andere ist als diejenige von damals. Es gibt zwei Bereiche in seinem heutigen Leben, die wesentlich wichtiger sind als alle anderen Rollen: einerseits seine Rolle als Vater und Ehemann und andererseits seine Rolle als Führungskraft. Es ist nicht so, dass Freunde und Hobbys keine Bedeutung mehr hätten. Aber diese kommen eben erst an dritter, vierter oder fünfter Stelle. Als ihm dies klar wird, entscheidet er – nicht ganz ohne Wehmut –, komplett aus dem Verein auszutreten. Hierüber ist seine Frau überrascht. Eigentlich ist ihr die Vereinszugehörigkeit schon länger ein Dorn im Auge. Sie hat Kimba aber aus Respekt nie Druck gemacht, den Verein aufzugeben – auch wenn einzelne Aktivitäten des Vereins durchaus zu manch einer Meinungsverschiedenheit geführt hatten, da Pantera das Gefühl hatte, dass es zu Lasten der Familie gehe. Schon am nächsten Tag gibt Kimba LEO Löwenherz Bescheid, dass er die Projektleitung übernimmt, aber zumindest einen fähigen Werkstudenten braucht, der ihn bei einigen organisatorischen Punkten unterstützt. Dieser wird ihm zugesagt. Dass Kimba um irgendeine Form der Unterstützung bitten würde, hatte Müller-Wechselhaft schon geahnt. Sein Chef, um dessen Kostenstelle es geht, war froh, dass sich die Kosten durch die Unterstützung durch einen Werkstudenten in Grenzen halten – mit ein bisschen Glück kann er diesen sogar über eine andere Kostenstelle laufen lassen.

Kurz vor Feierabend fängt Kimba an, eine Lion-Mail an den Verein zu schreiben, bezüglich seines Austritts. Er schickt diese aber noch nicht ab, weil er den Ober-Vereins-Lion als engen Vertrauten persönlich über seine Beweggründe informieren möchte.

# 5

# Wenn du ein Löwe bist, dann beweg dich!

## Lono

Rechnungen zu Haus – welch ein Graus!

Eines Wochenendes räumt Lono sein Home-Office auf. Er ordnet, sortiert, heftet ab. Er hasst diese Aufgabe. Da er während der Woche erst spät nach Hause kommt und dann meist zu müde ist, um den Papierkram zu erledigen, hat sich doch einiges angesammelt. Dies zwingt ihn dazu, meist einmal im Monat einen

© Springer Fachmedien Wiesbaden 2016
P. Buchenau und Z. Davis, *Die Löwen-Liga*, DOI 10.1007/978-3-658-12407-6_5

ganzen Samstag im häuslichen Büro zu verbringen. Schon wieder ein Tag, der für die Familie verloren geht. Löwina wollte ihm schon einmal die Arbeit teilweise abnehmen, aber als sie die Rechnungen, Steuerbelege und Amtsmitteilungen gesehen hat, verlor sie den Überblick. Seitdem hat sie diesbezüglich keinen Versuch mehr gestartet. Sie hat ja auch mit der Kindererziehung und dem Haushalt genug zu tun.

Als Lono die Rechnungsbelege und Kontoauszüge kontrolliert, fällt ihm zum wiederholten Male die Abbuchung des Fitnessstudios „Tierisch fit auf Schritt und Tritt" auf. Wie lange war Lono schon nicht mehr im Fitnessstudio gewesen? Er denkt an die Zeit zurück, als er einige Jahre zuvor fast täglich im Studio trainiert hat. Sein straffer, geschmeidiger Körper, seine Muskeln haben viele Löwinnen in jungen Jahren beeindruckt. Im damaligen, körperlich fitten Zustand hat er auch Löwina kennengelernt. Doch dieses Jahr war er kein einziges Mal trainieren und letztes Jahr vielleicht drei, vier Mal. Zu wenig für einen Sportler. Zumindest wird Lono monatlich in Form einer Abbuchung daran erinnert, dass er noch zahlendes Mitglied im Fitnessclub ist. Eigentlich weiß Lono ja, dass er Sport treiben sollte. Ein gesunder Geist braucht einen gesunden Körper. Aber wie soll er das machen? Er sitzt tagtäglich von früh bis spät im Büro, meist in Meetings. Wenn er dann spät abends nach Hause kommt, ist er einfach zu müde. Früher war das eine andere Angelegenheit. Da musste man immer in Bewegung bleiben. Man war permanent auf der Jagd. Und war man müde und es kam doch ein Mammut dem Lager sehr nahe, da half alles nichts. Dann hieß es, aufzustehen und sich zur Jagd zu versammeln. Oft über mehrere Tage. Damals war Bewegung überlebensnotwendig. Doch heute, beim Überangebot an Nahrung, braucht man ja nicht mehr jagen zu gehen, höchstens im Lionsupermarkt nebenan. Heute haben wir es auch nicht mehr mit anderen wilden Tieren zu tun, sondern mit Termindruck, Ärger mit Vorgesetzten und Mitarbeitern oder der Familie zu Hause. Aber diese Dinge aktivieren weiterhin die gleichen Stresshormone im Körper. Wieder einmal wird Lono bewusst, dass sich der Löwenkörper über tausende Jahre hinweg genetisch nicht wesentlich verändert hat. Aber wie hat sich die Umwelt verändert? Er muss unbedingt wieder mehr Sport treiben. Überhaupt Sport treiben, unterbricht ihn seine Frau. Sie wäre ja schon froh, wenn Lono einfach mal am Abend oder am Wochenende mit ihr spazieren gehen würde. Auf jeden Fall ist ihm klar: Beides, nicht trainieren, aber dennoch die Beiträge zu bezahlen, das geht gar nicht. Irgendwo hat Lono mal gelesen, dass sich Fitnessstudios nur über nicht trainierende Mitglieder finanzieren – bis zu 80 % sollen das sein.

Was Lono nicht klar ist: Die Stresshormone Adrenalin und Noradrenalin können nur durch Verbrennung abgebaut werden. Daher betreiben Löwen, welche keinen Sport treiben, eigentlich Raubbau an ihrem Körper. Zudem wird gerade in Stress- und Belastungssituationen Cortisol produziert, was bekanntlich das Immunsystem schwächt. Eine körperliche Grundfitness wünscht sich Lono schon, er sollte sich vielleicht einen Personal Coach leisten. Von einem befreundeten Löwen hat er einen guten Tipp bekommen. Zwei Straßen weiter soll Yogi Löw wohnen, ein bekannter Meister, auch „der Schleifer" genannt. Kurzerhand ruft Lono Logi Löw an und ist überrascht, dass Löw direkt am Telefon ist. Damit hat er nun wirklich nicht gerechnet. Beide diskutieren kurz über mögliche Trainingsprogramme und sind sich ziemlich schnell einig, dass Lono trainieren muss. Als Löw allerdings seinen Stundensatz nennt, explodiert Lono förmlich. „Was? 150 Leuro die Stunde?" Das ist ja Wucher, denkt er sich. Löw nimmt die Aussage von Lono gelassen hin. „Wissen Sie", antwortet Löw kurz, „Sie wollen Bundesliga spielen, dann brauchen Sie auch einen Bundesligatrainer. Und wenn Sie in Ihrer Liga oben mitspielen wollen, dann brauchen Sie einen guten Bundesligatrainer, eventuell sogar mit Champions-League-Erfahrung." Ihm sei kein Bundesligaverein bekannt, der einen Hobbytrainer angestellt hat. Kurz danach ist das Telefonat beendet. Lono verspürt eine Genugtuung, es Yogi Löw gezeigt zu haben. Morgen, ja morgen fängt er an zu trainieren, ohne externe Hilfe, verspricht er sich selbst.

## Kimba

Etwas Sport muss sein!

Eines Wochenendes räumt Kimba sein Home-Office auf. Er ordnet, sortiert, heftet ab. Da er während der Woche erst spät nach Hause kommt und dann meist zu müde ist, um den Papierkram zu erledigen, hat sich doch einiges angesammelt. Dies zwingt ihn dazu, meist einmal im Monat ein paar Stunden am Samstag im häuslichen Büro zu verbringen. Da Pantera ihn bei dieser Aufgabe unterstützt und immer wieder während der Woche seine Post vorsortiert, ist die Arbeit schnell erledigt. Pantera ist bewusst, dass Kimba in seiner neuen Position hart und lange arbeitet, und auch, dass er versucht, so weit wie möglich die Bedürfnisse Arbeit, Familie und Sport unter einen Hut zu bekommen, was ihm meistens auch relativ gut gelingt.

Als gesundheitsbewusste Löwengattin achtet sie natürlich darauf, dass Kimba die vier Lebenssäulen auch lebt. Sie erklärt ihm deshalb auch, dass eine dauerhafte mentale Anspannung bei der Arbeit sich in Verspannungen des Nackens und Rückens äußern kann. Viele Rückenbeschwerden sind bekanntlich psychosomatisch, entspringen also einer emotionalen Belastung. Regelmäßige Bewegung ist die beste Möglichkeit, hier entgegenzuwirken. Pantera erklärt Kimba, dass er beim Sport nicht übertreiben darf.

Daraufhin vermeidet Kimba extreme Sportaktivitäten wie einen Marathon oder Ähnliches. Neben der Höchstleistung im Beruf auch noch im Sport alles geben zu wollen, leert das Energiekonto auf Dauer.

Gesunde Bewegung und Sport sind wirksame Beiträge, um mit Stress umzugehen. Diese Aussage hatte er kürzlich auf einer Managementtagung bei Tiger & Meyer aufgeschnappt. Die Führungsmannschaft hatte extra einen Fitness- und Mentaltrainer beauftragt, um während der Tagung mit gezielten Pausen, Bewegungen und Frischluftzufuhr für einen doch entspannten und gelassenen Tagungstag zu sorgen. Erstaunlicherweise waren alle Führungskräfte am Abend noch fit und nicht so erschöpft, wie er es von anderen Veranstaltungen her kennt. Darüber hinaus lernte Kimba, dass Bewegung die Stresshormone Adrenalin und Cortisol sowie Spannungen abbaut und einen resistenter gegen Stress macht. Außerdem fördert Bewegung das Glücks- und Selbstwertgefühl im Körper. Dabei ist es wichtig, eine Form der Bewegung zu wählen, die nicht noch zusätzlichen Stress verursacht.

Daher wählt Kimba für sich auch eine Sportart, die ihm Spaß macht und die er immer und überall ausüben kann.

Das Training soll regelmäßig sein. Kimba hat es sich zum Ritual gemacht und in seinen Alltag eingefügt. Daher geht Kimba dreimal pro Woche 30 bis 40 min „Nordic Walken" oder locker joggen. Es kommt ihm nicht auf die Schnelligkeit an, sondern auf die kontinuierliche Bewegung. Kimba achtet dabei ganz bewusst auf seinen Körper. Auspowern bis zur Erschöpfung ist eher ein Betäubungsverhalten und führt nicht zum gewünschten Erholungszustand.

Ein weiterer Vorteil ist auch, dass er diese beiden Sportarten wunderbar mit seiner Familie ausüben kann. Egal ob Walken oder Joggen, bei beiden Sportarten sind die Kinder und seine Löwenfrau gerne dabei. Er genießt es, mit den Löwenkindern über die Wiese zu jagen, fast spielerisch und mit einem Lächeln im Gesicht sind alle freudig mit dabei. So muss Sport sein.

Kimba beschließt aufgrund dieser Erfahrungen der verbesserten Leistungsfähigkeit, einen Vorschlag bei Tiger & Meyer einzubringen. Die Firma solle aktiv Bewegung und Sport fördern. Er spricht mit Müller-Wechselhaft darüber.

„Viele Unternehmen haben das bereits erkannt und erlauben ihren Mitarbeitern, während der Arbeitszeit Sport zu treiben. Einige Unternehmen investieren sogar in ein betriebliches Gesundheitsmanagement und haben Verträge mit Fitnesscoaches und Sportzentren geschlossen. Stress setzt unheimlich viel Energie frei, ob positiv oder negativ, entscheidet nur unsere Einstellung. Diese Energie wird man normalerweise im Alltag, im Büro oder in der Wohnung nicht los. Deshalb ist Bewegung ein gutes Ventil, um diese Energie abzuleiten. Erst dann ist eine echte Entspannung möglich. Gerade in stressigen Zeiten glauben die meisten Löwen, dass sie keine Zeit und Energie für Sport oder Bewegung aufbringen können. Ein schlimmer Irrtum! Gerade in Stresszeiten brauchen die Mitarbeiter Bewegung ganz besonders, um ihre angestauten Stresshormone wieder loszuwerden."

Müller-Wechselhaft unterbricht Kimba forsch: „Für so was hat die Firma kein Budget. Wer Sport und Bewegung während der Arbeitszeit braucht, soll mit täglichem Treppensteigen beginnen.“

Kimba ist entrüstet über die Aussage von Müller-Wechselhaft, hatte er doch gerade auf der Managementtagung einen anderen Eindruck von Tiger & Meyer bekommen. Frustriert verlässt er das Büro von Müller-Wechselhaft. Er, Kimba, war einfach zu schlecht vorbereitet, denkt er sich. Im fehlten weitere Argumente. Er kommt wieder, besser vorbereitet. Heute Abend geht er erst mal eine Runde joggen. Dieses Ergebnis muss er verdauen.

# 6

## Immer und überall erreichbar?

### Lono

Lono muss für alle erreichbar sein!

Eine relativ komplexe gesetzliche Änderung und die hiermit ge-stiegenen Dokumentationspflichten haben zu mehr Arbeit, mehr Verunsicherung und somit mehr Nachfragen durch Mitarbeiter geführt. Dies macht sich sowohl beim Helpdesk als auch – in Form von zahlreichen Spezialfragen – bei Lono selbst deutlich bemerkbar.

© Springer Fachmedien Wiesbaden 2016
P. Buchenau und Z. Davis, *Die Löwen-Liga*, DOI 10.1007/978-3-658-12407-6_6

Zwischen dem Tagesgeschäft, den vermehrten Anfragen, die direkt bei Lono aufschlagen, und der stark gestiegenen Anzahl der Unterbrechungen ist Lono so sehr mit sich selbst beschäftigt, dass er vom stark gestiegenen Druck bei seinen Helpdesk-Mitarbeitern und der Situation dort nicht viel mitbekommt. Bei seinen Mitarbeitern ist „Land unter". Sie kommen kaum noch hinterher, die vielen Fragen zu beantworten und die akuten Probleme zu lösen. Sie sind schlichtweg an der Belastungsgrenze. Trotz des überdurchschnittlichen Einsatzes, den die Truppe an den Tag legt, nimmt die durchschnittliche Wartezeit für die internen Kunden zu.

Die Situation wird über einige Wochen schleichend schlechter. Lono hat zwar mitbekommen, dass gerade viel los ist und auf beiden Seiten ein wenig Unmut aufgekommen ist. Ab und zu gibt es Beschwerden. Aber erst als die Häufigkeit der Beschwerden deutlich zunimmt, kann Lono die Situation nicht mehr ignorieren. Lono vermutet, dass der Einsatzwille seiner Mitarbeiter abgenommen hat.

Beim nächsten Team-Meeting spricht er das Thema an und erzählt – gut gemeint – eine seiner Lieblingsmotivationsgeschichten, die er vor Jahren einmal aufgeschnappt und seither nicht vergessen hat. Ein Mitarbeiter beschwert sich über den aus seiner Sicht fast schon unzumutbaren Zustand. Das sei eben in einer beschleunigten Welt so, dass die Anforderungen immer höher werden, entgegnet Lono. Er bekomme auch keinen weiteren Mitarbeiter von oben genehmigt, führt er weiter aus. Ein erfahrener Mitarbeiter versucht zu vermitteln und zu erklären, dass sich beide Seiten in einer schwierigen Situation befinden. Der Chef würde gerne mehr Ressourcen bereitstellen, bekommt diese aber nicht genehmigt. Die Mitarbeiter sind durchaus leistungsbereit, stoßen aber schlichtweg an ihre Grenzen. Die Bereitschaft, Überstunden zu leisten, scheint unterschiedlich zu sein. Dies interpretiert Lono als eine stark unterschiedlich ausgeprägte Motivation innerhalb seines Teams. In Wirklichkeit sind seine Mitarbeiter einfach unzufrieden mit der Situation. Der eine formuliert dies deutlich aus, der andere hält sich eher zurück. Wenn die Mitarbeiter unter sich sind, reden sie offener. Den überwiegenden Tenor formuliert ein Mitarbeiter im Kollegenkreis beim Mittagessen und erntet Zustimmung von allen Seiten: Man bekomme ein faires, durchschnittliches Gehalt, habe 38 h im Arbeitsvertrag stehen und bekomme Überstunden nicht bezahlt. Mal ein paar Stunden mehr zu arbeiten, sei kein Problem. Aber dafür müsse es irgendeine Form des Ausgleichs geben, beispielsweise einen Abbau der Überstunden zu anderer Zeit, eine Vergütung der Stunden, einen sonstigen entgeltlichen oder unentgeltlichen Vorteil, bessere Karriereperspektiven oder wenigstens einen aufrichtig und ehrlich gemeinten Dank für den Einsatz. Hiervon ist nichts Realität. Die Kollegen nicken.

Nach einer Weile haben sich alle einigermaßen an den neuen Zustand mit einer erheblich höheren Arbeitsbelastung gewöhnt. Im Ergebnis ändert sich an dem eigentlichen Problem nichts. Zwar wird über die Situation kaum mehr geredet, aber unterschwellig ist die gestiegene Unzufriedenheit stark spürbar. Alle Beteiligten fühlen sich als Opfer des Systems. Der erfahrene Mitarbeiter, der schon einiges in seiner Löwenkarriere gesehen hat, macht sich Sorgen: Wenn jetzt schon keine echten, pragmatischen Lösungen gefunden wurden; was wird dann geschehen, wenn die nächste wesentliche Belastungssteigerung auf dieselbe Anzahl von Mitarbeitern zukommt? Soll ich kündigen und woanders anheuern, fragt sich der Mitarbeiter. Diese Idee verwirft er schnell wieder: Die Situation scheint sich in fast allen Bereichen stark verschärft zu haben. Ähnliche Schilderungen hört er auch von seinem Nachbarn – der ist zwar in einer ganz anderen Branche, aber der Kern der Problematik scheint doch identisch zu sein. Ist es heutzutage einfach schwierig bis unmöglich, ein Unternehmen so zu organisieren, dass die internen Bedingungen tragbar sind und man gleichzeitig auf dem Markt erfolgreich ist? Dem Mitarbeiter ist klar, dass es nicht nur um das Wohl der Belegschaft geht, sondern auch darum, ein attraktiver Arbeitgeber zu bleiben. Einige gute Kräfte haben sich selbstständig gemacht. Er fragt sich nicht nur, wie sich das Unternehmen entwickeln wird, sondern auch, wo es mit der Gesellschaft hingeht. Bleibt hier nicht zunehmend der Löwe völlig auf der Strecke?

## Kimba

Kimba beim hocheffektiven „Monotasking"!

Eine relativ komplexe gesetzliche Änderung und die hiermit gestiegenen Dokumentationspflichten haben zu mehr Arbeit, mehr Verunsicherung und somit mehr Nachfragen durch Mitarbeiter geführt. Dies macht sich sowohl beim Helpdesk als auch – in Form von zahlreichen Spezialfragen – bei Kimba selbst deutlich bemerkbar.

Kimba macht diese Entwicklung Sorgen: Bis vor kurzem gab es einerseits ruhigere Tage und andererseits Tage, an denen spürbar mehr los war. Dies hat sich in etwa die Waage gehalten.

So konnte man an manchen Tagen seinen Plan einigermaßen umsetzen und an anderen Tagen konnte man höchstens eine oder zwei wirklich wichtige Aufgaben erledigen – der Rest war reine Reaktivarbeit. Seit der gesetzlichen Änderung und dem höheren Dokumentationsaufwand scheint es, als ob irgendeine ominöse, steuernde Instanz die Atempausen mit den ruhigen Tagen schlichtweg entfernt habe, witzelt Kimba sich selbst gegenüber mit einer Mischung aus Galgenhumor und Situationsanalyse. Viele Löwenkollegen sind unsicher in Bezug auf die genaue Einhaltung der neuen Gesetzeslage. Dies ändert die Arbeitsbelastung der vier Helpdesk-Mitarbeiter, für die Kimba zuständig ist, sehr. Kimba hatte ermittelt, dass seine Mitarbeiter in der Vergangenheit im Schnitt etwa 70 % ihrer Zeit mit dem Beantworten von Fragen und dem Lösen von akuten Problemen beschäftigt waren. Wenn ein Mitarbeiter im Urlaub oder krank war oder die Gesamtbelastung durch eine Zufallsschwankung erheblich höher war als sonst, dann wurde es eng. Da es aber immer wieder Atempausen gab, war dies nicht so schlimm. Zudem konnte man die ruhigeren Tage nutzen, um die Probleme zu analysieren und für einige häufig auftretende Problemtypen dauerhafte und manchmal sogar präventive Lösungen zu finden. Es war wie bei einem Wettbewerb, bei dem man mal ein wenig zurücklag, dann wieder aufholte und manchmal sogar ein wenig Vorsprung hatte. Diese Phasen wechselten sich ab – wie bei Hund und Herrchen: Manchmal enteilt der Hund, manchmal ist er ein wenig zurück und das Herrchen hat einen Vorsprung. Nun ist aber – so hat Kimba als Stratege, der sich immer erst einen Überblick verschafft, ermittelt – die Anzahl der Anrufe beim Helpdesk um etwa 30 % gestiegen. Zum Glück hat er motivierte Mitarbeiter, die dies so gut wie möglich abfangen. Die Stimmung ist noch in Ordnung. Kimba ist aber klar, dass dies kein Dauerzustand ist. Er fragt sich: Wie soll das funktionieren, wenn ein Mitarbeiter im Urlaub ist oder krank wird? Was passiert, wenn die Belastung noch weiter ansteigt? Es macht ihm auch Sorgen,

dass man momentan keine Zeit mehr hat, systematisch und präventiv zu arbeiten. Er muss hierbei an die Story denken, die er
einmal bei einem Führungskräftekongress bei einem Vortrag zum
Thema Zeitintelligenz gehört hat: Hier ging es um einen Retter
an einem Fluss mit starker Strömung. Der Retter war den ganzen
Tag damit beschäftigt, Löwen vor dem Ertrinken zu retten. Er
machte hierbei durchaus einen guten Job. Der Retter hatte jedoch
nie Zeit, zu schauen, wer 200 m weiter flussaufwärts permanent
die Löwen in den Fluss schubste. Als Kimba an diese Vortragsge-
schichte denkt, muss er schmunzeln, weil ihm klar wird, dass das
Bild sehr auf die Situation des Helpdesks zutrifft.

Eine Lösung für das Kapazitätsproblem hat er nicht parat. Sein
Wunsch, einen weiteren Mitarbeiter einzustellen, war in Zeiten
der Kostenreduktion schon im Keim erstickt worden. Mit ein
wenig Abstand entscheidet Kimba, einen neuen Ansatz auszu-
probieren. Jeder Mitarbeiter bekommt eine unterbrechungsfreie
Stunde pro Tag: ein Mitarbeiter von 8 bis 9 Uhr, ein Mitarbeiter von 9 bis 10 Uhr, einer ab 10 Uhr und so weiter. Diese Zeit
ist zu nutzen, um Aktivitäten durchzuführen, die entweder Probleme vermeiden oder zu einer schnelleren Lösung im Fall des
Auftretens eines bestimmten Problems führen. Zudem gibt Kimba seinen Mitarbeitern die Aufgabe, zu jedem Problem, das eine
mehr als 50-prozentige Wahrscheinlichkeit des Wiederauftretens
hat, eine Problemlösungsanleitung anzufertigen, bevor das nächste Problem in Angriff genommen wird. Diese Anleitungen sollen
auch im Lion-Net verfügbar gemacht werden, in der Absicht, dass
die Kollegen dort erst mal schauen, bevor sie anrufen und nachfragen. Seine Mitarbeiter sind über die Vorschläge überrascht und
nehmen diese unterschiedlich auf. Schließlich weiß keiner, wie
dieses Experiment ausgehen wird. Aber Kimba lässt sich nicht
beirren, weil er weiß, dass es sonst immer schwerer werden wird,
jemals aus diesem Hamsterrad herauszukommen.

Nach ein paar Wochen zieht Kimba mit seinen Mitarbeitern
ein Fazit: Das Arbeiten ist etwas angenehmer geworden. Das Ar-

beitsvolumen ist noch nicht entscheidend weniger geworden, aber es ist bereits erkennbar, dass ein paar Problemtypen seltener auftreten und manche Kollegen zunächst im Lion-Net schauen, ob es eine Anleitung gibt. Alle sind sich einig, dass dies die richtige Richtung ist.

# 7

# Wie viele Säulen braucht das Haus des Lebens?

## Lono

Lono, der Arbeitslöwe!

Lono verabschiedet sich schon vor dem Frühstück bei Löwina. Er weiß, er hat heute wieder einen langen Arbeitstag vor sich. Eventuell wird er auch in der Firma übernachten, sein Projekt, ein kleiner Teil des neuen Lerliner Flughafens, ist zeitlich extrem im Verzug. Das ist zwar nicht Lonos Verschulden, doch ist er abhängig von verschiedensten Zulieferern aus der ganzen Löwenrepublik. Es ist nicht das erste Mal, dass Lono in den letzten Wochen in der Firma übernachtet hat. Heimlich hat er sich schon einen Schlafsack, eine Liegematte und einen Camping-Kocher gekauft.

Seine Überstunden sind bereits im dreistelligen Bereich aufgelaufen. Hierzu hat er heute ein Gespräch mit Personalöwnix,

© Springer Fachmedien Wiesbaden 2016
P. Buchenau und Z. Davis, *Die Löwen-Liga*, DOI 10.1007/978-3-658-12407-6_7

dem Personalchef bei Tiger & Meyer. Eigentlich hat er heute dafür überhaupt keine Zeit. Das kann man doch nach dem Projekt regeln, denkt sich Lono, aber der Betriebsrat beharrt auf dieser Aussprache. Zu oft hat Lono bereits gegen das Arbeitsschutzgesetz verstoßen. Da der Betriebsrat Einblick in die Arbeitszeitkonten hat, sind die Überstunden aufgefallen und vor allem auch, dass Lono nahezu keine Pausenzeiten einhält. Dies verteidigt Lono damit, dass er außertariflicher Angestellter sei und er sich seine Pausen einteilen kann, wie er es möchte. Das Gespräch kostet Lono bestimmt wieder zwei Stunden Zeit. Zeit, die er heute gar nicht übrig hat. Für Lono hat die Fertigstellung seines Teilprojekts beim Lerliner Flughafen höchste Priorität. Wenn Lono dieses Projekt doch noch „on-time" und „in-budget" abschließt, dann hat er es endgültig geschafft, denkt er sich. Mit dieser Referenz im Rücken, ein solch prestigeträchtiges Projekt für Tiger & Meyer realisiert zu haben, öffnen sich ihm dann sicher einige Türen. Dafür kann man schon zeitweise die anderen Lebenssäulen kurzzeitig vernachlässigen, denkt sich Lono.

Er realisiert aber nicht, dass sich nicht nur seine Familie, sondern auch gute Freunde und Bekannte langsam distanzieren. Dies liegt auch einfach daran, dass Lono im Privatleben immer weniger Kontakt zu anderen Löwen aufnimmt und sich zurückzieht, ebenso aus der Schule, wo er die Erziehung seiner Kinder vollständig seiner Frau Löwina überlässt. Löwina fühlt sich oft alleine gelassen, sie hätte Lono gerne bei der einen oder anderen Aktivität oder Entscheidung dabei.

In der Firma angekommen, wartet schon der Personalchef Personalöwnix in Lonos Büro. Er kommt sofort zur Sache und erklärt Lono, dass es mit seinen Überstunden nicht so weitergeht. Er schlägt Lono unter anderem ein Seminar zum Thema Zeitmanagement vor, doch Lono winkt abwertend ab. Zeitmanagement kennt er aus dem „Effeff". Das hat er im Studium gelernt, hat dort zu diesem Thema ein Buch von Zach Löwis lesen müssen. Er beherrscht das Thema. „Das jetzige Problem liegt in der

Zulieferung der Projektbausteine. Wenn die Vertragspartner alles rechtzeitig liefern würden, so müsste ich auch keine Überstunden leisten", so Lono. Gute zwei Stunden vergehen, jede Seite versucht, das Gegenüber mit seinen Argumenten zu überzeugen – jeweils ohne nennenswerten Erfolg. Zwar versucht Personalöwnix Lono immer wieder klarzumachen, dass Erfolg und Macht alleine keine ausgeglichene Lebensstrategie darstellen. Lono möge doch die vier Lebenssäulen Beruf, Familie, Soziales und Gesundheit bei seinen Überlegungen berücksichtigen. Lono kontert, um die Lebenssäule Familie kümmere er sich schon, immerhin sei er verheiratet und habe zwei Kinder. Für die beiden anderen Lebenssäulen habe er noch Zeit. Er fühle sich ja als Löwe stark und gesund, also könne er durchaus längere Zeit an seine persönliche Belastungsgrenze gehen. Selbst der Einwand von Personalöwnix, dass Tiger & Meyer im nächsten Jahr ein betriebliches Gesundheitsmanagement aufbauen möchte, lässt Lono nicht umdenken. Er ärgert sich vielmehr über die zwei Stunden, welche er für das Projekt nun verloren hat. Wie soll er das nur wieder aufholen? Wenigstens kann er gegenüber dem Betriebsrat nun für heute begründen, warum er schon wieder Überstunden machen muss. Lono schenkt sich eine Tasse Kaffee nach, die fünfte Tasse am heutigen Morgen, und macht sich fortan an seine Projektpläne. Er sei ein Workaholic, hat ihm der Personalchef an den Kopf geworfen. Na und, denkt sich Lono, ohne Fleiß kein Preis und außerdem hat Arbeit noch keinem Löwen geschadet. Lono hat ja Aufstiegspläne, will spätestens in drei Jahren eine eigene Niederlassung bei Tiger & Meyer übernehmen und bis dahin müssen die anderen Lebenssäulen zurückstecken. Arbeit und Leistung haben eben Priorität.

# Kimba

Träume und lasse den Gedanken freien Lauf!

Kimba verabschiedet sich nach dem Frühstück von Pantera. Er weiß, er hat heute wieder einen langen Arbeitstag vor sich. Das Projekt am Lerliner Flughafen setzt Tiger & Meyer unter Zeitdruck. Das ist zwar nicht Kimbas Verschulden, doch ist er abhängig von verschiedensten Zulieferern aus der ganzen Löwenrepublik.

Kimba sitzt am frühen Abend noch in seinem Büro bei Tiger & Meyer. Er muss unbedingt den Projektplan für die neue Produktionshalle eines wichtigen Zulieferkunden fertigstellen. Seit Tagen denkt er über Optimierungsmöglichkeiten nach: Er verändert, korrigiert und überarbeitet. In den letzten Tagen hat seine

Familie ihn nur wenig gesehen, meistens nur Pantera und das kurz vor dem Schlafengehen. Kimba merkt, wie seine Konzentration langsam schwindet und seine Denkfähigkeit merklich verlangsamt wird. Er sitzt in seinem Sessel und lässt den Blick in die Ferne über die Stadt schweifen. Was für ein schöner Anblick aus seinem Büro im 30. Stockwerk, gerade im Übergang zwischen Tag und Nacht, wenn überall am Horizont langsam immer mehr und mehr Lichter angehen. Traumhaft schön ist der Blick von seinem Büro. Weit hinten am Horizont setzt gerade ein Flugzeug zur Landung an. Das hat er bis heute noch nie wahrgenommen. Warum eigentlich nicht?

Seine Gedanken wandern einige Jahre zurück zu dem Zeitpunkt, als er einen Vortrag von Peter Löwenau zum Thema Life-Balance gehört hat. Löwenau zeigte damals auf, dass der Schlüssel zu einem erfüllten Leben und beruflichem Erfolg in der ausgewogenen Balance zwischen den vier Lebensbereichen liegt. Jeder dieser Lebensbereiche muss konsequent berücksichtigt und gelebt werden. Arbeit ist demnach nicht mehr alles. Bereits 2010 belegte eine Gemeinschaftsstudie des Deutschen Managerverbandes und der Wertekommission, dass sich das Werteschema gerade bei Nachwuchsführungskräften verschoben hat. Standen bis 2009 hauptsächlich die Werte Luxus, Geld und materielle Güter über Jahre an der Spitze, so stehen seit 2010 die Werte Partnerschaft, Familie und Ehrlichkeit an der Spitze. Das alleinige Setzen auf den Lebensbereich Beruf und Leistung verliert seit 2010 auch weiterhin an Wichtigkeit. Oder anders ausgedrückt: Die Lebensbereiche Familie, Soziales und Gesundheit werden immer wichtiger. Dies deckt sich mit Kimbas Haltung.

Kimba überlegt kurz, wie weit er die vier Lebenssäulen tatsächlich lebt. Wie sieht es mit seiner Familie und seinen sozialen Kontakten aus? Hierzu zählen neben der Familie oder einer Partnerschaft natürlich auch seine wahren Freunde. Tigerino, sein bester Freund aus der Studienzeit, lebt zurzeit in Lissabon. Den hat er schon ewig nicht mehr gesehen. Warum nicht? Nur aus

Bequemlichkeit oder waren es faule Ausreden? Lissabon ist doch nur zwei Stunden Flugzeit entfernt. Das muss sich ändern. Kimba verspricht sich selbst, noch in diesem Jahr Tigerino zu besuchen.

Was aber ist aus Gepardo geworden? Was waren das für tolle Zeiten früher – nächtelang sind die beiden in Lionhausen um die Häuser gezogen, haben eine Kneipe nach der anderen unsicher gemacht. Oft kamen beide erst früh morgens nach Hause. Als Letztes sind beide immer an der Stadtbäckerei am Zoologischen Garten eingekehrt. Das war der einzige Laden, in dem es morgens um fünf schon einen Kaffee zum Ausnüchtern gab.

Wie sieht es mit meiner Säule Gesundheit aus, fragt sich Kimba. Ohne Gesundheit geht nichts. Alles Geld und all der Ruhm nützen nichts, wenn man krank ist. Außerdem möchte ja auch Tiger & Meyer gesunde Mitarbeiter haben. Im nächsten Jahr, so hat er Gerüchte gehört, soll ein Gesundheitsmanagementsystem eingeführt werden. Gesundheit ist heute immer noch kein käufliches Produkt der modernen Medizin. Die Gesundheit muss bewusst durch aktive Bewegung, eine hochwertige und artgerechte Ernährung sowie ausreichende Erholungs- und Entspannungsphasen gefördert werden.

Wichtig sind auch immer mehr der Sinn und die eigenen Werte. Da kommt Kimba automatisch das Buch „Die Performer-Methode" von Peter Löwenau in den Sinn. Ohne Sinn ist alles sinnlos, schmunzelt Kimba, als er an diesen Satz denkt. Der Sinn bestimmt unser Tun und Handeln. Macht es also noch Sinn, jetzt, wo er merkt, dass seine Leistung nachlässt, trotzdem im Büro zu bleiben und den Projektplan fertigzustellen? Kimba fällt eine Entscheidung. Er räumt kurzerhand seinen Schreibtisch auf und packt seine persönlichen Sachen zusammen. Es macht nun mehr Sinn, sich um seine Familie zu kümmern und morgen mit neuer Energie an die komplizierte Aufgabe zu gehen. Nur auf die eine Lebenssäule Arbeit und Leistung zu fokussieren, macht heute keinen Sinn mehr. Kimba fährt nach Hause zu seiner geliebten Familie.

# 8

# Wichtigkeit ist wichtiger als Dringlichkeit!

© Springer Fachmedien Wiesbaden 2016
P. Buchenau und Z. Davis, *Die Löwen-Liga*, DOI 10.1007/978-3-658-12407-6_8

# Lono

Lono meistert alle Aufgaben!

Es ist Freitag, später Vormittag. Lono wollte noch etwa zwei Stunden in die Definition eines Plans zur Reaktivierung von Altkunden investieren und dann gegen 14 Uhr in den Feierabend gehen, um den Nachmittag mit den Löwenkinder zu verbringen. Am Mittag kommt eine Lion-Mail bezüglich einer Auswertung rein, die einen sehr dringenden Tonfall hat.

Warum immer ausgerechnet dann, wenn ich früher Feierabend machen will, ärgert sich Lono. Sein Blutdruck steigt. Mist, schimpft er in sich hinein, immer muss etwas dazwischenkommen. Er fühlt sich hin- und hergerissen zwischen dem Plan für die Reaktivierung der Altkunden und der Auswertung. Der Reaktivierungsplan muss nicht zwingend heute fertig werden. Hierzu gibt es keine Deadline. Es gibt noch nicht einmal jemanden, der die Erledigung dieser Aufgabe überhaupt erwartet. Also schiebt Lono die Aufgabe auf unbestimmte Zeit. Er ärgert sich, weil er schon letzte Woche nicht wie geplant hierzu gekommen ist. Aber man muss ja auch die Zeit und die Ruhe für eine solch wichtige Aufgabe haben und somit erst einmal die ganzen anderen Themen abarbeiten, versucht Lono die Aufschiebeentscheidung vor sich selbst zum wiederholten Male rational zu begründen.

Lono stürzt sich also in die Auswertung. Gerade als er sich etwas in die Thematik eingearbeitet hat, klingelt sein LiPhone. Seine Frau ist dran und fragt ihn, ob er Tick, Tack und Tuck vom Liongarten abholen könne. Was soll ich denn noch alles machen, schießt es ihm durch den Kopf. Seiner Frau gegenüber versucht er, sich in Bezug auf seinen Ärger zurückzuhalten, und sagt, dass er noch zu viel zu tun habe. Die Verärgerung in Lonos Stimme klingt dennoch durch. Es geht ihm oft so: Im Büro fühlt sich Lono ohnehin häufig überlastet. Wenn er sich dann auch noch zwischen seinen beruflichen Pflichten und seinem Privatleben hin- und hergerissen fühlt, wird er oft ärgerlich und ist kurz angebunden. Löwina bleibt nichts anderes übrig als die Absage zu akzeptieren. Nach Ende des kurzen Gesprächs fragt sie sich, ob sie irgendetwas falsch gemacht hat oder Lono vielleicht die Kinder gar nicht abholen will. Ist die Belastung in seinem Job wirklich so hoch, fragt sie sich. Andere bekommen Beruf und Familie doch auch irgendwie unter einen Hut, vergleicht sie. Wirkliche Antworten auf ihre Fragen findet sie nicht.

Lono ist zwischenzeitlich wieder in die Auswertung vertieft. Ab und zu wird er unterbrochen, aber im Laufe des Nachmittags wird es ruhiger. Bei einem Teil der Auswertung stellt er fest, dass ihm selbst noch Daten fehlen. Da aus der zuständigen Abteilung keiner mehr im Haus ist, sucht sich Lono die Daten selbst in mühsamer Kleinarbeit zusammen. Es ist aufwendiger als gedacht. Aber letztlich hat er alle Zahlen, die er benötigt, und bereitet dies wie üblich noch anschaulich in Lionpoint auf. Perfektionistisch veranlagt wie Lono ist, baut er in manche Folien noch ein paar besondere Effekte ein: Einige Elemente schweben von oben links, mit Sound hinterlegt, an die entsprechende Stelle der Folie. Als Lono fertig ist, schaut er nach draußen und stellt fest, dass es bereits dunkel ist. Es ist auch schon 19 Uhr, und das am Freitagabend. Warum bin ich bloß in einer solchen Mühle gelandet, zweifelt Lono an seinem Werdegang. Er schickt die Datei per Lion-Mail ab – und erhält die automatisch generierte Antwort, dass der Empfänger 14 Tage im Urlaub ist. Lono kann es erst nicht fassen. Dann steigt in ihm die Wut hoch. Kann denn der Volltrottel nicht sagen, dass es gar nicht so dringend ist, schäumt Lono. Lono fährt seinen iLion herunter, stampft in die Tiefgarage und braust im Auto davon. Wofür mache ich das Hamsterradspiel hier eigentlich mit, fragt er sich in solchen Augenblicken. Die wichtigen Themen, für die ich auf den Posten berufen wurde, kommen viel zu kurz, urteilt Lono. Die ganze Autofahrt läuft wie in Trance ab – bewusst bekommt er außer seiner Wut und seiner Unzufriedenheit kaum etwas mit.

Zu Hause angekommen, begrüßt ihn seine Frau. Die Kinder sind gerade eingeschlafen. Löwina ist fix und fertig vom Stress beim Einkaufen, vom Hetzen zum Liongarten, vom Vorbereiten des Abendessens und Zubettbringen der Kinder. Sowohl Lono als auch seine Frau sind ziemlich geschlaucht und etwas genervt. Beide haben das Bedürfnis, sich mitzuteilen, und erzählen von ihrem stressigen Tag. Lono hat das Gefühl, dass seine Frau die beruflichen Themen nicht wirklich interessieren. Umgekehrt hat Löwina den Eindruck, dass Lono nicht wirklich zuhört. Das Gespräch verstummt nach einer Weile. Beide schauen gemeinsam noch eine Folge „Wer wird Lionaire?" und gehen anschließend ins Bett. Es war ein sehr langer Tag.

# Kimba

Kimba strampelt auf solidem Fundament!

Es ist Freitag, später Vormittag. Kimba wollte noch etwa zwei Stunden in die Definition eines Plans zur Reaktivierung von Altkunden investieren und dann gegen 14 Uhr in den Feierabend gehen, um den Nachmittag mit den Löwenkinder zu verbringen. Am Mittag kommt eine Lion-Mail bezüglich einer Auswertung rein, die einen sehr dringenden Tonfall hat.

Kimba liest die Lion-Mail durch und stellt sich bewusst die Frage: Was ist jetzt wichtiger? Der Plan für die Reaktivierung der Altkunden oder dieses überraschend aufgekommene Thema? Er entschließt sich, den Absender anzurufen, um die Situation besser beurteilen zu können. Am Telefon fragt Kimba nach einer kurzen inhaltlichen Rückfrage, bis wann sein Löwenkollege die Auswertung denn spätestens braucht, um seinen Meilenstein halten zu können. Dieser antwortet, dass es reiche, wenn das Thema in zwei Wochen fertig sei, weil erst in drei Wochen die Präsentation hierzu stattfinde. Kimba sagt zu, die Auswertung bis dahin fertig zu haben, und notiert die Aufgabe für die nächste Woche. Später wird er die Aufgabe im Rahmen seiner Wochenplanung, die er konsequent für die wichtigsten Aufgaben durchführt, noch genauer terminieren, das heißt einem bestimmten Tag zuordnen.

Nach dieser Unterbrechung kehrt Kimba zu seiner eigentlichen Aufgabe zurück und entwirft einen Plan zur Reaktivierung der Kunden, die schon länger nicht mehr gekauft haben. Er segmentiert die Kunden danach, wie lange diese schon nicht gekauft haben, und danach, welches Volumen sie vormals eingebracht haben. Hierdurch ergibt sich eine interessante Matrix. Kimba entscheidet sich für die Fokussierung auf die Kunden, die eine mittlere „Nicht-Kauf-Dauer" haben und ein überdurchschnittliches Volumen. Als er mit seiner Analyse sowie dem wesentlichen Teil der Umsetzungsschritte fertig ist und seinen Plan noch einmal anschaut, wird ihm erst richtig klar, wie viel Potenzial in einigen der Maßnahmen steckt und wie kostengünstig diese im Vergleich zur Neukundengewinnung sind. Den nächsten Schritt, nämlich die einzelnen Maßnahmen mit zuständigen Löwen und einer genaueren zeitlichen Planung zu versehen, definiert Kimba als weitere Aufgabe für nächste Woche. Hauptsache, ich mache zu jedem meiner wesentlichen Verantwortungsbereiche jede Woche wenigstens einen guten Schritt nach vorne, denkt sich Kimba. Er erinnert sich an die Frage eines Lehrers, wie man denn einen Elefanten vertilge – Stück für Stück, hatte der Lehrer damals gesagt. Es muss nicht immer alles auf einmal sein. Der stete Tropfen höhlt schließlich die Löwenhöhle.

Mit dem Gefühl, echte Wertschöpfung betrieben zu haben, geht Kimba ins Wochenende. Er ruft Pantera an und fragt, ob er die Kinder vom Liongarten abholen soll. Zeitlich würde es genau passen. Sie ist freudig überrascht. Es kommt ihr gerade heute sehr entgegen, weil beim Einkaufen vor dem Wochenende mehr los ist als sonst und sie sich hierdurch nicht so sehr abhetzen muss. Also fährt Kimba direkt zum Liongarten. Dort angekommen, kommen ihm seine beiden Sprösslinge schon entgegengelaufen. Auf der Rückfahrt nach Hause fragt Kimba seinen Nachwuchs, was dieser heute gemacht hat. Der kleine Löwenjunge Tuck erzählt, dass er heute einen Elefanten aus Karton gebastelt hat und dass er morgen noch ein Elefantenbaby basteln werde.

Der große Löwenjunge Tick ist verdächtig zurückhaltend mit den Erzählungen. Auf Nachfrage stellt sich heraus, dass er sich mit einem anderen Löwenjungen über ein Spielzeug gestritten hat. Vater und Sohn reden ein paar Minuten über die Situation – was gar nicht einfach ist, da der kleine Bruder immer wieder dazwischenfunkt. In erster Linie hört Kimba seinem Sohn zu und hält sich mit Ratschlägen zurück. Nach ein paar Minuten ist Kimba überrascht, wie vernünftig die Rückschlüsse seines „Großen" in Bezug auf die Situation sind. Die Stimmung bei Tick hellt sich nicht vollständig, aber durchaus merklich auf. Nach ein paar weiteren Minuten scheint das Thema gänzlich vergessen zu sein.

Zu Hause angekommen, hat Pantera gerade die Einkäufe verstaut, als die ganze Bande eintrifft. Die Kinder gehen noch hinaus in den Garten und die Eltern haben ein bisschen Zeit, sich zu unterhalten. Kimba bekommt von seiner Frau mitgeteilt, dass solche Kleinigkeiten wie das Abholen aus dem Liongarten für sie eine echte Entlastung sind. Beide wissen, dass Beruf und Familie manchmal nicht einfach unter einen Hut zu bringen sind. Wenn es Kimba möglich ist, versucht er, wenigstens an einem Tag in der Woche früher Schluss zu machen, um mehr Zeit mit der Familie zu verbringen. Das weiß seine Frau und deshalb hat sie auch Verständnis, wenn an einigen Stellen auch der Job vorgeht.

# 9

# Augen und Ohren auf in Sachen Stress und Burnout!

## Lono

Wie soll es weitergehen?

Lono kommt wutentbrannt aus der Projektsitzung. Die Backen dick, der Kopf rot. Hat er nun gerade unbewusst seinen Vorgesetzten Müller-Wechselhaft angebrüllt? Das ist ihm so noch nie

© Springer Fachmedien Wiesbaden 2016
P. Buchenau und Z. Davis, *Die Löwen-Liga*, DOI 10.1007/978-3-658-12407-6_9

passiert. Sein Chef hat ihm eine einfache Frage zum Liefertermin gestellt und Lono ist ausgetickt. Er hat zuerst tief Luft geholt und die Stimme erhoben, dann wurde diese lauter und er hat seinen Chef angebrüllt. Lono sitzt mit verschränkten Händen hinter seinem Schreibtisch und fragt sich, wie das passieren konnte. Er ist fassungslos über sich. Beim Nachdenken fällt ihm auf, dass sich nicht nur im Job, hier bei Tiger & Meyer, sein Sprachgebrauch verändert hat, sondern auch zu Hause in der Familie. Auch dort reagiert Lono in letzter Zeit vermehrt lauter und aggressiver. Gerade letzte Woche hatte er wieder einen unsinnigen Streit mit Löwina. Dabei wollte sie nur wissen, was sie zu Abend kochen solle. Er sagte, es sei ihm egal, und Löwina antwortete: „Egal kann man nicht kochen."

Daraus entstand dann ein Streit, in dem er seine Frau mit einem großen weißen Vogel verglich und ihr dieses mit fast 100 dB Lautstärke mitteilte. Wütend schlug sie ihm daraufhin die Tür vor der Nase zu.

Um sich unverzüglich abzureagieren, fuhr Lono ins Fitnessstudio „Tierisch fit auf Schritt und Tritt" und powerte sich aus. So schwerfällig gingen die Übungen doch noch nie, bemerkte er. Sein Bizeps schmerzte schon nach kurzer Zeit. Eigentlich müssten die Muskeln nach Bewegung schreien.

Sein Fitnesstrainer Max Muskelprotz erklärte ihm das folgendermaßen: „Den Anzeichen nach stehst du unter starkem Stress, auch wenn du es nicht wahrhaben willst und es vehement verneinst. Denn unter Stress sorgen deine Hormone wie zum Beispiel Adrenalin und Noradrenalin dafür, dass sich deine Muskeln unbewusst anspannen. Das kann natürlich die ganze Muskulatur betreffen und nicht nur die des Nacken- und Schulterbereichs. Und wenn Muskeln über längere Zeit angespannt sind, beginnen sie zu schmerzen." Nach diesem Kommentar ging Lono erst einmal heiß duschen, er verträgt keine Kritik und auch keine Ratschläge mehr. Jetzt geht er trainieren und auch das soll falsch sein, schüttelt er den Kopf.

Zu Hause angekommen, schleicht er ins Bett. Nach wie vor steht noch die Versöhnung nach dem Streit mit Löwina aus. Aber das muss heute nicht mehr sein. Das kann man auch morgen noch lösen.

Überraschenderweise schläft Lono sehr schnell ein und die ganze Nacht durch. Trotzdem ist er am nächsten Morgen sehr müde. Leider bedeutet genug Schlaf nicht automatisch auch genug Erholung. Stress hält das Hirn auf Trab, macht Entspannung im Schlaf sogar unmöglich und verhindert, dass Lono in die besonders erholsamen Tiefschlafphasen gelangt. So fühlt sich Lono morgens vollkommen groggy, obwohl er die ganze Nacht brav im Bett verbracht und auch durchgeschlafen hat.

Eigentlich wollte er sich am Morgen mit Löwina aussöhnen, aber die Löwendame ist bereits aus dem Haus, als Lono aufsteht. Daher springt Lono in die Dusche, trinkt einen schnellen Kaffee, nimmt einen Kaffee für unterwegs mit und fährt ins Büro.

Im Büro macht er sich sofort über die Projektkalkulation her. Diese braucht er für die Projektbesprechung mit Müller-Wechselhaft später am Tag. Vermehrt stellt Lono fest, dass die gestern erst von ihm selbst erstellten Daten wieder falsch berechnet wurden. Warum lässt denn seine Konzentration in den letzten Wochen spürbar nach? Oft sind nur kleine Rechenfehler oder Zahlendreher die Ursache, kaum bemerkbar. Diese verursachen dann aber in der Endkalkulation massive Verschiebungen oder Änderungen. Lono als Perfektionist hat aber den Anspruch, keinen Fehler zu machen. Seine Arbeitsleistung und sein Resultat müssen bei 100 % der eigenen Erwartung liegen oder besser noch bei 115 % – schließlich will er eine Niederlassung bei Tiger & Meyer übernehmen und da dürfen keine Fehler vorkommen. In der letzten Minute noch korrigiert Lono einen Fehler in der Kalkulation an einer entscheidenden Stelle und stürmt in das bereits begonnene Projektmeeting. Die Blicke der anderen Projektteilnehmer treffen ihn hart, als er verspätet den Meetingraum betritt. Müller-Wechselhaft fragt in seiner üblichen, knapp gehaltenen Führungsmanier die Teilberichte der Projektverantwortlichen ab, darunter auch den von Lono. Auf die Zusatzfrage zur Lieferverbindlichkeit weiß Lono aber keine passende Antwort. Diese Frage und die nicht verfügbare Antwort seinerseits ärgern ihn so sehr, dass Lono die Kontrolle über sich verliert und wild zu gestikulieren beginnt. Er sucht nach Worten, ringt nach Luft. Schließlich schreit er: „Weiß ich doch nicht, wann der Scheiß kommt." Darauf ist Ruhe im ganzen Raum. Man könnte nun eine Stecknadel fallen hören.

Müller-Wechselhaft blickt Lono erstaunt an, macht geschätzte zehn Sekunden Pause, die sich wie eine Ewigkeit anfühlen, und fährt mit dem nächsten Projektverantwortlichen fort. Kurze Zeit später ist das Meeting beendet. Lonos Chef wartet an der Tür und fasst Lono beim Herausgehen am Arm. Leise sagt er zu Lono: „Gönnen Sie sich mal ein paar Tage Pause."

# Kimba

Verliebt sein ist schön!

Kimba kommt wutentbrannt aus der Projektsitzung. Die Backen dick, der Kopf rot. Um ein Haar hätte er seinen Vorgesetzten Müller-Wechselhaft angepflaumt. Das ist ihm so noch nie passiert. Sein Chef hat ihm eine einfache Frage zum Liefertermin gestellt und Kimba wäre fast „ausgetickt", war außer sich. Er hat tief Luft geholt, dann aber ruhig und scheinbar gelassen geantwortet. Allerdings nicht in der Qualität, in der er es gewohnt ist. Das ärgert ihn. Auch Kimba ist aktuell sehr stark durch sein Projekt eingespannt. Allerdings versucht er sein Leben auf die vier bekannten Lebenssäulen aufzubauen. Da auch die Säule Gesundheit eine tragende Rolle spielt, hat er erst kürzlich an einem Achtsamkeitstraining in den Schweizer Bergen teilgenommen. Dieses hatte er von seiner liebenswerten Gattin Pantera zum Geburtstag bekommen. Das Schöne an dem Training war, dass ihn Pantera begleitete, so konnte er zugleich eine weitere Lebenssäule in das Vorhaben integrieren.

Das Training fand von Freitag bis Sonntag in rustikaler Atmosphäre in einer einfachen Schweizer Berghütte statt. Es waren nur sechs Teilnehmer zugelassen, damit sich der Trainer ganz individuell um die Teilnehmer kümmern konnte. Zudem war gemeinsames Kochen und auch Abwaschen Teil des Trainingsprogramms. In den Pausen wurde viel an der frischen Luft spaziert, auch eine kleine Bergtour durch wunderbare Bergwälder und Almen stand auf der Tagesordnung. Achtsamkeit ist die Grundvoraussetzung, um sich und seinen Körper besser kennenzulernen. Gerade heute, in Zeiten der zunehmenden Globalisierung und Technologisierung und durch die Zunahme der psychischen Belastungen am Arbeitsplatz, ist es extrem wichtig, die Frühwarnsignale des Körpers rechtzeitig wahrzunehmen und geeignete Gegenmaßnahmen einzuleiten.

Neben so grundsätzlichen Dingen wie der Veränderung der Sprache und anfänglichen muskulären Beschwerden wurden auch sehr private Erkennungsmerkmale in einem geschützten Rahmen besprochen. So auch das Thema einer möglicherweise nachlassenden Sexualität.

Gerade das Thema Sexualität, so haben Pantera und Kimba gelernt, bereitet sehr große Probleme bei Stress und gehört somit zu den am häufigsten auftretenden Früherkennungsmerkmalen.

Oft haben gerade gestresste Löwen kein Interesse an Sex. Die Lust reagiert am sensibelsten auf Probleme, egal ob durch Stress verursacht oder anderweitig. Der Verlust der Libido ist daher oft das erste Zeichen für Überforderung, denn wer sich unterbewusst ständig Sorgen macht oder Ängste verspürt, hat meist kein Verlangen nach irgendwelchen Vergnügungen.

Interessanterweise ist aber Sex bei starkem Stress zum Stressabbau sehr geeignet. Sex ist eine der besten Möglichkeiten für den Körper, Spannung abzubauen und sich mit Glückshormonen zu überfluten. Außerdem sind hierbei der Puls und der Blutdruck leicht erhöht, so dass ebenfalls eine gesunde Fettverbrennung einsetzt.

Spürbar hat sich nach dem Achtsamkeitstraining das Sexualleben von Kimba und Pantera verbessert. Die beiden geben ihrem Körper also genau das, was er braucht. Sie benutzen gerne auch ihre Fantasie und malen sich etwas Schönes aus. Auf diese Weise macht Sex auch in hektischen und stressigen Zeiten wieder Spaß. So denkt auch Kimba ab und an während der Arbeit an Sex, das baut eine Erregung auf, die in der Regel zu Hause stärker ist als der Gedanke an seinen Chef Müller-Wechselhaft.

Natürlich hatte der Trainer auch andere sehr gute Tipps auf Lager. Seit dem Training duscht oder badet Kimba jeden Abend vor dem Schlafengehen heiß. Das erhöht die Körpertemperatur und sorgt für schnelleres Einschlummern und einen tiefen Schlaf.

Ein ebenfalls wichtiges Früherkennungsmerkmal innerhalb der Lebenssäule „Soziales" ist der Rückzug aus Hobbys und anderen Aktivitäten. Seit Kimba das weiß, schaut er, dass er eine gewisse Regelmäßigkeit im sozialen Bereich beibehält. Kimba ist nicht überall und immer dabei, das wiederum würde auch Stress bedeuten, aber ein gewisser Ausgleich muss geschaffen werden. Um das optimal zu koordinieren, hat er seiner Projektassistentin Petra Projektina seinen privaten Outlook-Kalender freischalten lassen. So kann sie seine Arbeitstermine und Privattermine sehr gut koordinieren. Dazu gehören aber auch ein gutes Arbeitsklima und Vertrauen. Natürlich hat sich Petra Projektina das erst erarbeiten müssen. Aber nun ist sie Kimbas rechte Hand und nimmt ihm sehr viel Arbeit ab. Auch hier hält sich Kimba stark an den Präventionsgedanken. Probleme lassen sich am besten lösen, indem man sie von vornherein vermeidet.

# 10

# Wachse schneller, als es die Anforderungen tun!

## Lono

Lono im Kampf mit der Informationsflut!

Im Unternehmen gibt es einen neuen Leiter der Lion-Entwicklung. Dieser entscheidet, manche Trainings- und Entwicklungsmaßnahmen beizubehalten und andere durch neue zu ersetzen.

Als Lono manche Veränderungen am Rande mitbekommt, denkt er sich: Jetzt ist da wieder ein Neuer, wirft ein paar Dienstleister raus, vergibt manche Themen neu, aber nach ein paar

© Springer Fachmedien Wiesbaden 2016
P. Buchenau und Z. Davis, *Die Löwen-Liga*, DOI 10.1007/978-3-658-12407-6_10

Monaten hat der sich ausgetobt und es läuft wieder normal. Da ihn die personelle Veränderung nicht direkt betrifft, verschwendet Lono keine intensiven Gedanken hieran.

Eines Tages flattert bei Lono der neue Lion-Entwicklungskatalog rein. Dieser ist optisch deutlich anders aufgemacht als der bisherige Katalog. Alter Wein in neuen Schläuchen, vermutet Lono. Mit dem Katalog werde er sich beschäftigen, wenn er mal deutlich mehr Zeit hat, schiebt Lono den Katalog physisch und geistig zur Seite. Er hofft, dass es in seinem Umfeld und somit für ihn irgendwann einmal wieder deutlich ruhiger wird. In den letzten Jahren hat die Vielzahl der Aufgaben stark zugenommen. Neben den eigentlichen fachlichen Aufgaben und seiner Verantwortung als Führungskraft gibt es zahlreiche Projekte, bei denen Lono mitwirken soll. Es ist nicht einfach, immer rechtzeitig bis zum nächsten Sitzungstermin die Aufgaben zu erledigen. Aber irgendwie geht es dann doch so gut wie immer, rechtzeitig zur Deadline fertig zu sein.

Im Rahmen einer Kostensenkungsmaßnahme sind einige zentrale Stellen abgebaut worden. Dies hatte alles begonnen, nachdem die renommierte Beratungsgesellschaft McLion & Company einige Wochen im Haus war. Hierdurch müssen einige organisatorische Aufgaben von den Mitarbeitern selbst durchgeführt werden, was natürlich Zeit kostet. Stark zu schaffen macht Lono auch die Vielzahl der Unterbrechungen. Er hat mal gehört, dass der arbeitende Löwe im Schnitt alle elf Minuten unterbrochen wird. Lono wäre manchmal froh, auch nur elf Minuten am Stück unterbrechungsfrei arbeiten zu können. Das geht aber nicht, verbietet er es sich selbst, man müsse schließlich erreichbar sein. Die Tür müsse immer offen sein, hat er mal irgendwo von einer oberen Führungskraft gehört. Lono hat den Eindruck, dass sein Arbeitsleben nur noch aus zwei Kategorien besteht: zum einen, Zeit in Meetings zu verbringen. Zum anderen, nach einem Meeting die dringendsten in der Zwischenzeit aufgelaufenen Lion-Mails und Anrufe abzuarbeiten – und das rechtzeitig bevor das nächste Meeting losgeht. Für eine gute Vorbereitung auf ein Meeting fehlt die Zeit völlig. Meistens schafft es Lono nicht einmal, einen Blick auf die Agenda zu werfen. Eigentlich ist es ein permanenter Kampf, zwischen den Meetings und dann später am Abend zumindest so viel abzuarbeiten, dass wenigstens die größten Brände gelöscht sind und somit keine größere Katastrophe passiert. Generell hat Lono den Eindruck, nur noch fremdgesteuert zu werden. Dieses Gefühl ist unbefriedigend für ihn. Aber er erklärt es sich als Phänomen unserer Zeit und sieht dieses nicht als etwas, das in seinem eigenen Einflussbereich liegt. Der Druck habe schließlich so gut wie überall zugenommen. Kollegen berichten Ähnliches, sein Nachbar und seine ehemaligen Vereinskollegen, die noch berufstätig sind, genauso. Das eigene, aktive Planen strategischer Themen oder auch präventiv tätig zu werden, wie es früher einmal der Fall war, ist in Lonos Augen überhaupt nicht mehr möglich. Er hat gänzlich aufgehört zu planen, weil es ohnehin immer nur im Frust endet. Lange Zeit hat er morgens eine To-do-Liste angefertigt. Diese lag dann irgendwo auf seinem Schreibtisch und wurde im Laufe des Tages von zahlreichen anderen Unterlagen verschüttet. Wenn die Liste gegen Ende des Tages oder im Laufe der folgenden Tage wieder sichtbar wurde, stellte sich immer das unbefriedigende Gefühl ein, die Dinge, die er sich eigentlich vorgenommen hatte, mal wieder nicht geschafft zu haben. Nach einer Weile hat Lono das Schreiben von To-do-Listen gänzlich aufgegeben, weil diese ohnehin fast nie abgearbeitet wurden und nur zu Frust führten. Seither lautet die Marschroute für Lono, ein guter Feuerlöscher zu sein, der sich um die größten Brände zuerst kümmert, und zu versuchen, mit dem, was bei ihm ankommt, irgendwie fertig zu werden. Häufig sagt er morgens vor der Fahrt zur Arbeit zu seiner Frau: „Auf geht's ins Marionettentheater!" Lono stellt sich hierbei einen Mann im Anzug vor, der wie eine Marionette von irgendwelchen unsichtbaren Kräften gelenkt wird. Dieses Bild beschreibt seine Wahrnehmung von „Business in der Löwen-Liga" in den letzten Jahren ziemlich präzise. So geht es tagein, tagaus.

# Kimba

Kimba bei PoweReading und Zeitintelligenz!

Im Unternehmen gibt es einen neuen Leiter der Lion-Entwicklung. Dieser entscheidet, manche Trainings- und Entwicklungsmaßnahmen beizubehalten und andere durch neue zu ersetzen.

Aufgrund einer früheren Seminarteilnahme in einem Führungskräftetraining hat Kimba noch Kontakt zu Experten für die Themenkomplexe persönliche Effektivität und Burnout-Prävention, deren Bücher und Lionletter er überwiegend gelesen hat. Eines Tages flattert bei Kimba der neue Lion-Entwicklungskatalog rein. Da er sich grundsätzlich für Weiterbildungsinhalte interessiert, ist er neugierig, was an neuen Angeboten dazugekommen ist. Dort fallen vor allem zwei Trainings ins Auge: Ein Schnelllese-Training und eines mit dem Titel Zeitintelligenz. Von den beiden Themen hatte er mal irgendwo gehört und auch einen Veranstaltungsbericht gelesen. Es hatte sein Interesse geweckt, wurde aber von ihm damals nicht weiterverfolgt. Der Termin für die interne Schulungsmaßnahme liegt an zwei aufeinanderfolgenden Tagen und zugleich noch weit genug im Voraus, dass Kimba die Zeit blocken kann. Also nutzt er die Gelegenheit, sich anzumelden. Eine gewisse Skepsis hat er, ob unter dem steigenden Lesetempo nicht das Verständnis leiden werde – schließlich kommt es bei vielen Texten auf die präzise Informationsaufnahme an. Etwas überrascht ist Kimba dann im Seminar, dass der Referent Zach Löwis die Teilnehmer nicht nur durch Tipps, Übungen und Beispiele begleitet, sondern auch mehrere Messungen mit den Teilnehmern durchführt. Die laufende Fortschrittmessung überzeugt auch die zunächst kritischen Teilnehmer. Am Ende lesen Kimba und seine Kollegen tatsächlich im Schnitt etwas mehr als doppelt so schnell, und das bei leicht gestiegenem Textverständnis. Das hätte er nicht für möglich gehalten. Da Kimba rund vier Stunden am Tag mit Lesen verbringt, fragt er sich, wie hoch die Zeitersparnis wohl sein werde.

Am zweiten Tag geht es um Zeitintelligenz. Der Referent teilt den Tag in drei Teile ein: Den Umgang mit Fremdsteuerung, dem Meistern von gestiegenen Anforderungen und der Bewältigung der Informationsflut. Rund 40 Praxis-Tipps werden gemeinsam erarbeitet. Kimba hatte vor dem Seminar vermutet, dass es an den Teilnehmern liegen würde, die Inhalte dann in die Praxis zu transferieren. Freudig überrascht ist er als er merkt, dass es leicht umsetzbare Tipps sind. Erstaunt ist er als Zach Löwis dann offen über die SAU-Krankheit (scheitert am Umsetzen) spricht und hierfür sogar eine Lösung parat hat: Alle Teilnehmer haben im Anschluss die Möglichkeit, ein online-gestütztes Entwicklungsprogramm zu nutzen, dass ein Lernen in kleinen verdaubaren

Häppchen (sog. Mikrolerneinheiten) ermöglichst. Das koste im Schnitt weniger als fünf Minuten pro Tag und jede der 120 Mikroeinheiten bestehe aus drei Komponenten: Einem konkreten Inhalt, einer Umsetzungsübung für den jeweiligen Tag und einer Reflexion.

Von so etwas hat Kimba noch nie gehört. Sonst wird man mit der Umsetzung alleine gelassen. Er vermutet dass weit mehr als 90 % der Weiterbildungsinhalte nicht umgesetzt werden. Und selbst bei den Punkten, die anfangs umgesetzt werden, verpufft die Wirkung meistens, denkt sich Kimba. Wenn ich mal für die Weiterbildung zuständig sein sollte, wird es keine Maßnahme mehr geben, die kein Nachhaltigkeitskonzept inkludiert, schlussfolgert Kimba.

Vier Monate später – Kimba ist bei der Hälfte des Entwicklungsprogramms angekommen und begeistert, wie leicht und motivierend die Umsetzung in kleinen Löwenhäppchen fällt – ist ein Referent mit einem Vortrag zum Thema Burnout-Prävention im Haus. Hier merkt Kimba, dass er in vielen Punkten schon auf einem guten Weg ist. Dies bestärkt ihn und zusätzlich nimmt er noch ein paar einfache und sehr pragmatische Tipps mit. Worüber er zu diesem Thema noch nicht wirklich nachgedacht hatte, ist seine Verantwortung als Führungskraft gegenüber seinen Mitarbeitern beim Umgang mit Stress und bei der Burnout-Prävention. Hierzu überlegt Kimba, ob er den Referenten für seine Abteilung buchen soll. Das wäre zwar nicht ganz billig, aber vermutlich eine gute Investition. Was wohl sein Vorgesetzter hierüber denken würde, fragt sich Kimba.

Am nächsten Tag heißt es für Kimba, sich wie gewohnt um das Tagesgeschäft zu kümmern. Tatsächlich bringt ihm die neue Lesetechnik eine zeitliche Entlastung im Alltag. In Meetings ist er deutlich schneller mit ausgeteilten Unterlagen fertig als die anderen und hat noch Zeit zum Nachdenken. Ein paar Mal am Tag nimmt sich Kimba eine Mini-Auszeit, manchmal mit einer kurzen Entspannungsübung, die er aus dem Vortrag mitgenommen hat. Kimba hat ein Lächeln auf dem Gesicht, fühlt sich gut und hat den Eindruck, einen kleinen Vorsprung gegenüber den meisten anderen Löwen zu haben. Beim Abarbeiten seiner Lion-Mails erhält er einen Lionletter mit der Überschrift „Zeit sparen bei der Computerarbeit". Die meisten Lionletter hat er ohnehin abbestellt. Zudem hat sich Kimba angewöhnt, Lionletter nicht sofort zu lesen, sondern gebündelt einmal in der Woche zu überfliegen. Ab und zu ist etwas dabei, mit dem er sich intensiver beschäftigen möchte. Das mit dem Zeitsparen bei der Computerarbeit klingt vielversprechend. Es macht Sinn, sich hiermit zu beschäftigen – man verbringt schließlich einen wesentlichen Teil der Arbeitszeit mit Computerarbeiten, resümiert Kimba. Hierfür reserviert er sich eine halbe Stunde in der folgenden Arbeitswoche. In der nächsten Woche ist Kimba völlig überrascht, was man bei der Computerarbeit alles machen kann, um effizienter zu arbeiten. Es geht zunächst um Shortcuts, von denen er die meisten noch nicht kannte. Die Kürzel Strg + C und Strg + V, die er als Luttenberg-Kürzel kannte, waren ihm ein Begriff, die meisten anderen Kürzel jedoch nicht. Danach geht es um das Zehnzehenschreiben. Ja, daran sollte man mal arbeiten, denkt sich Kimba. Besonders spannend findet er die Möglichkeit, eigene Kürzel zu definieren: für Anreden, einzelne Wörter, Links und ganze Sätze und Absätze. Diese Kürzel führt Kimba nach und nach ein. Nach kurzer Zeit beherrscht er sowohl zahlreiche Tastenkürzel, die schon Bestand hatten, als auch diverse selbst definierte Kürzel. Nach ein paar Wochen sind diese für ihn zu einer Selbstverständlichkeit geworden und er fragt sich, wie er jemals ohne diese Abkürzungen arbeiten konnte. Eines Tages kommt ein Mitarbeiter herein und beide schauen auf den Computer, den Kimba bedient. Der Mitarbeiter reibt sich ungläubig die Augen und fragt Kimba, wie er es bloß schafft, den Computer so schnell zu bedienen.

# 11
## Ernähre dich artgerecht!

## Lono

Zucker ist süß und gibt Energie!

Lono hat Ernährungsgewohnheiten, die alles andere als perfekt sind. Gerade wenn er in Arbeit versinkt und Hektik den Tag bestimmt, will er es sich wenigstens beim Essen gut gehen lassen. Lono möchte sich für die Strapazen des Tages belohnen und neue Energie sammeln. Er gönnt sich regelmäßig Schnitzel mit Pom-

© Springer Fachmedien Wiesbaden 2016
P. Buchenau und Z. Davis, *Die Löwen-Liga*, DOI 10.1007/978-3-658-12407-6_11

mes, Currywurst oder Hamburger. Auch zwischendurch darf es gerne mal die eine oder andere „Nervennahrung" wie ein Schokoriegel mehr sein. Natürlich ist es in Ordnung, so denkt er sich, sich auch hin und wieder mit Süßem zu belohnen.

Gerade in Zeiten, in denen Lono stark gestresst ist, steigt sein Verlangen nach Schokolade. Lono liebt Schokolade. Schokolade ist Brennstoff für seine Nervenzellen, ausnahmslos bekommen diese so ihre Energie. Lono weiß, dass eine dauerhafte Versorgung unseres Gehirns mit seinen 100 Milliarden Nervenzellen durch einen konstanten Energie-Nachschub gewährleistet sein muss. Also, warum nicht mit Süßem, wenn es so gut tut und zudem noch schmeckt? Allerdings ist Lono in letzter Zeit aufgefallen, dass er in langen Meetings und Verhandlungsmarathons immer schnell müde wird. Warum seine Denkfähigkeit und Aufmerksamkeit aber merklich sinken, kann er sich nicht erklären.

Er bietet doch allen Teilnehmern das Wichtigste: Egal ob Fruchtsaft, Kaffee oder Cola, egal ob Kekse oder Süßigkeiten, er ist stets bemüht, sich und seinen Mitarbeitern etwas Gutes zu tun. Schließlich ist er ja ein guter Vorgesetzter und solange Tiger & Meyer diese Köstlichkeiten noch nicht aufgrund von Budgetkürzungen gestrichen haben, nutzt er das gerne zum Wohle aller Beteiligten aus. So bekommen die Besprechungsteilnehmer erstens Abwechslung und zweitens genügend Energiezufuhr gewährleistet. Von anderen Abteilungen bei Tiger & Meyers hat er gehört, dass diese während der Meetings nur Wasser und Obst anbieten. So ein Blödsinn, denkt sich Lono, wie soll da eine positive Grundstimmung aufkommen? Solange er die Kekse und Co. auf seine Kostenstelle buchen kann, wird er das weiterhin tun.

Lono ist auch ein Meister im Multitasking. Er liebt permanente Leistungssteigerungen. Um Zeit zu sparen und nicht seine hohe Arbeitsleistung unterbrechen zu müssen, verlegt Lono immer öfter seine Mittagspause in die Meetings. Warum nicht seine Mahlzeiten in die Meetings verlegen? Problemlos kann Lono während der Meetings essen und trinken. Also warum nicht das

Angenehme mit dem Nützlichen verbinden, denkt er sich. Dieses Verhalten erlaubt Lono auch mehr und mehr seinen Mitarbeitern, denn es soll schließlich das gleiche Recht für alle herrschen.

Was Lono noch nicht weiß, ist, dass Süßes erst zu einem schnellen Blutzuckeranstieg führt und den Körper dann – nach der Regulierung durch das Hormon Insulin – in einen Unterzucker stürzt. Danach ist Lonos Blutzuckerspiegel erst einmal im Keller. Dann bekommt er noch mehr Hunger und Lust auf Süßes und es folgt der Griff zu weiteren Schokoriegeln, Keksen und Fruchtsaft.

„Schnelle" Kohlenhydrate haben noch einen weiteren Nachteil, der gerade im Akut-Stress, wie bei manchen Verhandlungen oder auch in Lernphasen, besonders negativ ins Gewicht fällt: Sie erhöhen zusätzlich den Pegel zahlreicher Stresshormone. Somit steigt auch die Menge an Cortisol in Lonos Blut. Sein Organismus wird durch das Cortisol überflüssigerweise zusätzlich aktiviert. Lono bekommt häufiger Infektionen, weil sein Immunsystem geschwächt wird. Er ist somit häufiger krank und fällt für das Unternehmen mehr und mehr aus.

Als Nebeneffekt, anfangs kaum sichtbar, wird der Aufbau von Bauchfett vorangetrieben. Egal ob man das Bauchfett umgangssprachlich neckisch Bierbauch oder Speckrollen nennt, wer zu viel Bauchfett hat, lebt eigentlich gefährlich. Ein dicker Bauch kann das Risiko für Herzerkrankungen oder einen Schlaganfall erhöhen. Eine Studie mit 16.000 Probanden ergab, dass zu viel Bauchfett das Sterberisiko verdoppelt. Alle Teilnehmer litten bereits an einer Erkrankung der Herzkranzgefäße. Diejenigen mit Bauchfett hatten ein doppelt so hohes Risiko, an der Krankheit zu sterben, wie Probanden ohne Speckrollen am Bauch, so das Ergebnis der Untersuchung. Die Studie ist in der Fachzeitschrift „Journal of the American College of Cardiology" erschienen.

Bauchfett sei zudem stärker metabolisch aktiv, gab der Studienleiter Dr. Lion-Lopez-Jimenez als Begründung für das höhere Sterberisiko an. Das heißt, dass das Fett am Bauch den Stoffwechsel negativ beeinflusst: Es gibt schädliche Fettsäuren und entzündungsfördernde Botenstoffe in den Löwenkörper ab. Diese wiederum steigern die Wahrscheinlichkeit, am metabolischen Syndrom zu erkranken, also an Bluthochdruck und Diabetes Typ 2, von höheren Cholesterinwerten ganz zu schweigen. Lono ist sich dieses Umstands nicht bewusst.

## Kimba

Gesundes Essen belebt den Geist!

Kimba hat Ernährungsgewohnheiten, die alles andere als perfekt sind. Er wird oft von Heißhunger geplagt. Gerade wenn er in Arbeit versinkt und Hektik den Tag bestimmt, will er es sich wenigstens beim Essen gut gehen lassen. Aber zum Glück ist seine Frau Pantera nebenberuflich Ernährungsberaterin. So hat Kimba wirklich Glück, vielleicht auch nur das Glück des Tüchtigen. Seine Löwenfrau Pantera hat die schleichende Entwicklung eines ansatzweisen Bierbäuchleins beobachtet und drängt zunehmend auf absolute Prävention und gesunde Ernährung. Sie weiß, wie gefährlich ein Bierbauch sein kann, und zudem, dass es äußerst schwierig ist, diesen wegzubekommen, wenn er erst einmal sichtbar ist. Übrigens kann man auch von Cola oder Fruchtsaft einen Bierbauch bekommen.

Eine geeignete Präventivstrategie hinsichtlich der Ernährung verhindert schon die Entstehung des Unterzuckers. Wichtigster Baustein sind hierbei die „langsamen" Kohlenhydrate beziehungsweise Kohlenhydratquellen und „gute" Fette sowie Proteine. Sie verhindern einen zu raschen Blutzuckeranstieg und sorgen für einen stabilen Blutzuckerspiegel.

So hat seine Löwenfrau Kimba mehrmals erklärt, dass Botenstoffe im Gehirn in adäquater Menge produziert werden müssen. Unser Gehirn muss Aminosäuren (Eiweißbausteine) in ausreichender Menge zusammen mit den Vitaminen C, B6, B12 und Folat (B9) sowie den Mineralstoffen Magnesium und Calcium aufnehmen. Magnesium steht hierbei an erster Stelle. Magnesium gilt zugleich als das „Anti-Stress-Mineral". Die Begründung dafür liegt darin, dass durch Stress die Hormone Adrenalin und Noradrenalin in die Blutbahn ausgeschüttet werden. Bei diesem Vorgang wird das Magnesium aus den Körperzellen gedrängt, woraus eine Gefährdung von Herz und Kreislauf entsteht. Deshalb kauft Pantera reichlich Bananen, Tomaten, Salate und Vollkorngetreide ein, da diese große Mengen Magnesium enthalten.

Kimbas Frau legt außerdem Wert auf ein gesundes und ausreichendes Frühstück. Wie heißt doch der mittelalterliche Spruch?

Morgens wie ein Kaiser, mittags wie ein König und abends wie
ein Bettelmann. Damit wird gerade in Stress-Situationen das Gehirn gleich am Morgen mit der notwendigen Energie versorgt.
So kommt Kimba besser in den Tag und ist konzentriert bis zum
Mittagessen. Pantera verweigert ihm konstant „Cerealien"; diese
sind völlig ungeeignet wegen des vielen Zuckers, erklärt sie ihm.
Kimba liebt aber wie viele andere Löwen Zucker, so dass es speziell zu diesem Ernährungspunkt immer wieder etwas Streit im
Hause Kimba und Pantera gibt.

Obst und Gemüse dagegen liefern die geeigneten Kohlenhydrate in idealer Weise. Kimba meidet daher bewusst Weißmehl-
produkte und genießt stattdessen sein Vollkornbrot. Das kombiniert er mit Obst und mit Nüssen. In dieser Kombination („gute"
Kohlenhydrate + „gute" Fette + Eiweiß) wird der Blutzuckerspiegel hervorragend stabilisiert. Eine solche Kombination ist generell erstrebenswert beim Essen. Seitdem Kimba den Ernährungs-
empfehlungen, oder -befehlen (er muss innerlich grinsen), seiner
Löwenfrau folgt, hat er eine konstante Verbesserung in seiner Ar-
beitsweise und auch in seiner Arbeitsleistung festgestellt. Er wirkt
wesentlich frischer, arbeitet viel strukturierter und ist auch ent-
scheidungsfreudiger. Auch hat er das Gefühl, sich nicht mehr so
viele Informationen notieren zu müssen. Er kann sich einfach
viele Punkte besser merken und ist vor allem auch verbal viel
schlagkräftiger geworden.

Interessanterweise las Kimba gerade in der letzten Ausgabe des
Lions-Magazins einen Bericht über das Frühstücksverhalten diverser Löwenmanager. Darin stand geschrieben, dass die Denkleistung bei Süß-Frühstückern in Stress-Situationen wesentlich
niedriger sei. Eine Studie hat ergeben, dass sich Süßfrühstücker
bis zu 50 % weniger Wörter merken konnten als die Kontroll-
gruppe der Salz-Frühstücker. Stress ist also für diejenigen gefähr-
licher, die zu süß frühstücken.

Natürlich hat Kimba auch sein Trinkverhalten verändert. Er
trinkt konsequent genügend Wasser. Abhängig von den Außen-

temperaturen können das schon zwischen drei und vier Liter pro Tag sein.

Als sehr effektiv gegen Stress hat sich zudem die erhöhte Einnahme von Vitamin C erwiesen. Der Verlust von Vitamin C macht sich in einer Schwächung der Immunabwehr bemerkbar. In Zahlen ausgedrückt bedeutet dies, dass 30 min Stress für einen Verlust von 600 bis 700 mg Vitamin C sorgen. Um gegen den Stress vorzubeugen, nimmt Kimba daher beispielsweise vermehrt Kohlgemüse, Orangen, Mandarinen, Kiwis und Paprikaschoten zu sich. Dem Raubbau am Körper muss doch Einhalt geboten werden, denkt er sich. Richtige Ernährung hebt die Stimmung, baut Stress ab und steigert das Wohlbefinden.

# 12

# Denke in Ergebnissen, nicht in Aufgaben

## Lono

Eine Aufgabe fertig, dafür drei neue!

Es ist Spätherbst. Lono erhält von seinem Vorgesetzten die Aufgabe, den Versand von Weihnachtskarten an Kunden zu organisieren. In den vergangenen Jahren hatte dies ein Mitarbeiter gemacht, der vor kurzem in den Ruhestand verabschiedet wurde.

Nachdem Lono die Aufgabe per Lion-Mail erhalten hat, setzt er sich eine Erinnerung für „in drei Wochen". Als die Erinnerung hochpoppt, klickt er sie weg. Eine Woche später ist es dann höchste Eisenbahn, sich um den Versand der Karten zu kümmern. Also schaut sich Lono an, was in den letzten Jahren gemacht wurde. Es sind relativ viele Details zu beachten und umzusetzen – mehr, als Lono zunächst gedacht hätte: Der Adressatenkreis ist

© Springer Fachmedien Wiesbaden 2016
P. Buchenau und Z. Davis, *Die Löwen-Liga*, DOI 10.1007/978-3-658-12407-6_12

auszuwählen. Es muss aber schnell gehen. Deshalb nimmt Lono einfach den Adressbestand vom letzten Jahr und fügt noch einige Adressen von neuen Kunden aus seinem Lionlook-Adressbuch hinzu. In seinem Adressbestand findet er auch eine Adresse von einem Dienstleister, der Weihnachtskarten verschickt. Wie dieser Kontakt bei ihm gelandet ist, weiß er nicht mehr. Für ein intensives Beschäftigen mit ein paar möglichen Dienstleistern ist ohnehin keine Zeit mehr. Er schaut auf die Website des Unternehmens. Die Leistung wird sehr kostengünstig angeboten – geringe Kosten sind in Zeiten zunehmenden Kostendrucks natürlich sehr wichtig, bewertet Lono den Auftritt des Dienstleisters. Dann will er dort anrufen, stellt aber fest, dass das Unternehmen nur per Lion-Mail erreichbar ist. Hiervon unbeeindruckt, schickt Lono die wesentlichen Eckdaten per Lion-Mail dorthin und schreibt, dass er einfach eine Standard-Weihnachtskarte haben möchte Er bekommt kurzfristig diverse Motive zugesandt. Daraufhin sucht Lono zwei Favoriten aus. Diese zeigt er seinem Chef, dem es relativ egal zu sein scheint, welches von beiden Motiven ausgewählt wird. Also wählt Lono selbst ein Motiv aus. Es ist ein eher neutrales Motiv – damit mache man sicher nichts falsch, urteilt Lono. Dann lädt er den Adressbestand online bei dem Dienstleister hoch. Die ganze Zeit fühlt sich Lono hin- und hergerissen zwischen der Weihnachtskartenaktion und kurzfristig auftretenden Problemen – vom sonstigen Tagesgeschäft ganz zu schweigen. Er muss aber diese dämliche Kartenaktion fertig bekommen – schließlich wäre ein zu später Versand peinlich und sagen zu müssen, dass er es nicht geschafft hat, ebenfalls. Weihnachten ist ja nicht gerade ein überraschend auftretendes Ereignis und sein Chef hatte ihn hierzu durchaus frühzeitig informiert. An strategisch wichtige Themen, die er seit längerer Zeit von Woche zu Woche verschiebt, ist überhaupt nicht zu denken. Um bei der Weihnachtskartenaktion Zeit zu sparen, schaut Lono nach Standardtexten im Internet. Hieraus sucht er einen Text aus und ändert zwei Sätze ein wenig ab. Den Text legt er seinem Chef zum Absegnen vor. Dieser hat keinen Einwand gegen den Text und ruft Lono noch zu, dass er nicht vergessen solle, den Entscheidungsträgern von acht potenziellen Neukunden, die in der Akquiseliste stehen, auch eine Karte zu schicken. Bei diesen Unternehmen befindet man sich in unterschiedlichen Phasen der Akquise und erhofft sich einige zusätzliche Aufträge. Der Adressbestand ist bereits an den Dienstleister geschickt. Es werde aber sicher kein Problem sein, noch Adressen nachzuliefern, vermutet Lono. Zu seiner Überraschung erfährt Lono vom Kundendienst des Dienstleisters, dass eine nachträgliche Änderung des Adressbestandes eigentlich nicht mehr möglich sei. Zudem habe man festgestellt, dass die Daten nicht in dem Format seien, wie es für diesen günstigen angebotenen Preis notwendig sei. Man könne natürlich die Daten aktualisieren und das Format für ihn ändern, könne hierfür aber nicht die gleiche Preisklasse anbieten. Durch die Adressänderungen und den Datenumwandlungsaufwand lande man in der Flex-Preisklasse. Als Lono erfährt, dass sich die Kosten hierdurch fast verdoppeln, ist er völlig konsterniert. So eine Frechheit, schäumt Lono vor Wut. Da er aber keine wirkliche Alternative hat, akzeptiert er dies widerwillig. Letztlich läuft der Auftrag danach glatt und die Weihnachtskarten kommen pünktlich bei den Kunden an. Eine wirkliche Resonanz darauf gibt es nicht. Aber dies fällt Lono gar nicht auf – er ist schon längst mit den nächsten Aufgaben auf seiner To-do-Liste, dem Löschen von weiteren aufgetretenen Bränden und dem permanenten Abarbeiten von Lion-Mails und anderen Nachrichten zu sehr beschäftigt, um sich Gedanken über den Sinn und Unsinn diverser Aufgaben zu machen.

# Kimba

Kimba denkt in Ergebnissen!

Es ist Spätherbst. Kimba erhält von seinem Vorgesetzten die Aufgabe, den Versand von Weihnachtskarten an Kunden zu organisieren. In den vergangenen Jahren hatte dies ein Mitarbeiter gemacht, der vor kurzem in den Ruhestand verabschiedet wurde.

Nachdem Kimba die Aufgabe per Lion-Mail erhalten hat, fragt er seinen Vorgesetzten Müller-Wechselhaft nach ein paar Details zum Versand in der Vergangenheit. Er fragt auch, seit wie vielen Jahren dieser Versand schon durchgeführt wird. Als er erfährt, dass dies schon seit mindestens zehn Jahren gemacht wird, fragt er sich selbst nach der genauen Zielsetzung. Kimba hat es sich angewöhnt, speziell bei schon länger bestehenden Wiederholungsaufgaben nach dem gewünschten Ergebnis und dem dahinterliegenden Grund zu fragen. Gut, das Ergebnis soll sein, dass die Weihnachtskarten pünktlich bei den Kunden landen, antwortet er auf die selbstgestellte Frage. Was ist der Grund für die Aktion? Natürlich sollen die Weihnachtskarten – auch wenn diese keine große Sache sind – einen Beitrag zur Beziehung zu Kunden leisten. Kimba fragt sich, ob es vielleicht andere Maßnahmen gibt, um das eigentlich gewünschte Ergebnis leichter oder mit höherer Wirkung zu erreichen. Eine Veranstaltung, bei der man sich mit den Kunden mal wieder persönlich trifft, hätte sicher eine größere positive Auswirkung auf die Beziehung zu Kunden. Eine Weihnachtskarte unter Dutzenden, die die Kunden vermutlich erhalten, geht wohl unter, mutmaßt Kimba. Aber Weihnachtskarten zu Ostern zu schicken, ist auch albern, wandert Kimba in seinen Gedanken. Vielleicht kombiniert man einfach die Weihnachtskarte mit der Ankündigung einer Kundenveranstaltung, spinnt er seine Gedanken weiter. Dann hat Kimba eine konkrete Idee, die sich aus den vorherigen Gedanken speist: Die Weihnachtskarte soll einen Osterhasen abbilden. Dies soll verbunden werden mit einem Hinweis, dass man Weihnachten und Ostern nicht verwechselt habe, sondern schon jetzt zu einer besonderen Veranstaltung einladen möchte, die kurz nach Ostern stattfinden werde. Dann fragt sich Kimba – wie er es sich angewöhnt hat –, ob es irgendeine Möglichkeit gibt, eine besondere Hebelwirkung bei dieser Aktivität zu erzielen. Den Text will er selbst schreiben. Das geht auch schnell. Das Motiv muss ausgesucht werden. Da gibt es doch die Praktikantin, die so gut zeichnen kann. Diese informiert er in nur fünf Minuten über die Idee. Da die Zeichnung von der Praktikantin kreiert wird, gibt es auch keine Lionright-Probleme. Zum Thema Hebelwirkung schießt Kimba durch den Kopf, dass die Stückkosten mit zunehmender Druck- und Versandmenge stark fallend sind. Man könnte noch ein paar Altkunden bei dieser Aktion einbeziehen, in der Hoffnung, einige hiervon zu reaktivieren oder zumindest unverbindlich zu der Veranstaltung zu bewegen. Das würde ungefähr 50 % mehr Adressen bedeuten, aber nur etwa 20 % Mehrkosten. Nach diesen paar Minuten, die er mit Nachdenken verbracht hat, liegt schon der erste Entwurf von der Praktikantin auf seinem Schreibtisch. Zeichnen ist ihre Leidenschaft und deshalb hat sie es gleich gemacht. Für sie war es eine willkommene Abwechslung zu manchen Aufgaben, die sie von Kimba bekommt, die nicht immer besonders spannend sind. Mit dem Entwurf und seinem Plan geht Kimba zu Müller-Wechselhaft und stellt die Idee einer Kombination von Postkartenaktion und Kundenveranstaltung kurz vor. Sein Chef hört zu, nickt und ist beeindruckt von Kimbas Produktivität und Mitdenken in Bezug auf die Veranstaltung nach Ostern. Kimba entscheidet sich, den Auftrag an einen Dienstleister zu vergeben, bei dem er den Inhaber schon lange kennt. Dieser bewegt sich preislich im Mittelfeld, arbeitet aber immer zuverlässig und bei Problemen wird immer eine pragmatische Lösung gefunden. Wenige Tage später sind die Postkarten auch schon bei den Kunden und Altkunden. Vereinzelte Reaktionen kommen rein. Diese sind durchweg positiv. Ein Kunde, mit dem man schon länger nicht zu tun hatte, ruft an und sagt, dass er gerade ein Projekt hat, bei dem er Unterstützung gebrauchen könne. Hieraus wird ein kleiner Auftrag. Das gibt es doch gar nicht, denkt sich Kimba: Damit sind die Zusatzkosten für das Mailing schon um den Faktor zehn wieder drin, sogar mehr als die Gesamtkosten der Aktion und sogar ein Zuschuss zur Kundenveranstaltung. Dies bestärkt Kimba darin, bei ihm übertragenen Aufgaben die EGAL-Denke zu durchlaufen: Was ist das gewünschte **E**rgebnis, was ist der **G**rund hierfür, welche **A**ktivität macht Sinn und wie kann ich **L**everage (Hebelwirkung) erzielen?

# 13

# Du bestehst überwiegend aus Wasser – fülle nach!

## Lono

Kaffee immer und überall!

Lono wacht in letzter Zeit nachts vermehrt auf und hat immer öfter ein starkes Durstgefühl. Der Hals ist trocken, die Nase zu, die Stimme scheint weg zu sein. Oft wälzt er sich dann minutenlang im Bett von links nach rechts, bevor er wieder einschläft. Dies nervt natürlich auch seine Löwenfrau Löwina. Wenn Lono morgens aufsteht, ist er ziemlich geschafft. Er braucht zuerst einmal drei Tassen starken Kaffee, um einigermaßen fit und wach zu werden. Der Kaffee schmeckt aber in letzter Zeit auch nicht mehr so

© Springer Fachmedien Wiesbaden 2016
P. Buchenau und Z. Davis, *Die Löwen-Liga*, DOI 10.1007/978-3-658-12407-6_13

richtig. So hat er auch die Kaffeevarianten gewechselt. Von Kaffee mit Milch über Kaffee mit Zucker und Kaffee schwarz ist er nun bei Kaffee mit viel Milch und Zucker hängengeblieben. Da er kaum frühstückt und während der kurzen gemeinsamen Zeit mit seiner Frau parallel seine Lion-Mails checkt, bekommt sein Körper kaum Flüssigkeit. Zu wenig Flüssigkeit kann die Hautalterung beeinflussen. Leider realisiert Lono noch nicht, dass seine Löwenhaut mehr und mehr altert und faltig wird. Einige große Denkfalten zeichnen sich bereits auf der Stirn ab. Zu wenig hat er in letzter Zeit auf seinen Löwenkörper geachtet, hat ihn nicht oder kaum nach dem Duschen mit Feuchtigkeitscreme gepflegt oder sich eine Gesichtslotion gegönnt. Kaffee alleine als Flüssigkeitszufuhr reicht leider nicht aus. Meist macht sich Lono auch mit einem Becher „Coffee to go" auf den Arbeitsweg, den er dann zu heiß im Auto trinkt.

Kaum im Büro angekommen, stürzt sich Lono als Erstes auf den frisch gebrühten Kaffee, welchen seine Assistentin Löwita bereits aufgebrüht hat. Lono liebt den Geruch von frischem Kaffee, wenn dieser so langsam angenehm duftend in seine Löwennase steigt. Für einen Moment zaubert dieser Geruch ein Grinsen in sein Gesicht. Ohne Kaffee kann sich Lono einen Arbeitstag gar nicht vorstellen. Langsam über die Jahre hat sich sein Kaffeekonsum gesteigert. Kaffee ist seine legale Droge. Am Anfang seiner Karriere kam er noch mit gut zwei bis drei Tassen Kaffee am Tag aus, heute sind es gut und gerne zwölf bis fünfzehn Tassen am Tag. Dass er dabei vermehrt Magenprobleme bekommt, nimmt er zwar wahr, ignoriert aber die Symptome und schiebt diese einfach zur Seite. Dafür gibt's ja Medikamente und „Lennie räumt den Magen auf" – das hat bis heute immer geholfen. Gerade für Sodbrennen, Magendruck und Völlegefühl, was bei Lono in letzter Zeit häufig auftritt und eigentlich schon chronisch ist, ist in der Regel überschüssige Magensäure verantwortlich. Lennie wirkt daher an Ort und Stelle. Das Zuviel an Säure wird direkt im Magen neutralisiert. Eine Wirkstoffkombination aus Kalzium-

und Magnesiumcarbonat macht das möglich. Kalziumcarbonat entfaltet sehr rasch seine Wirkung. Magnesiumcarbonat wirkt dagegen leicht verzögert, was die Wirkdauer von Lennie insgesamt verlängert. Beide Wirkstoffe neutralisieren daher schnell die überschüssige Säure und lindern so ebenso sanft wie zuverlässig die unangenehmen Beschwerden. Und dem Magen geht es wieder gut – zumindest scheinbar, so steht es jedenfalls auf dem Beipackzettel. Die Nebenwirkungen ignoriert Lono. Wie soll er sonst beim täglichen Sitzungsmarathon wachbleiben und durchhalten? Heute kommen schon wieder mindestens sechs Sitzungsstunden zusammen. Kaffee und Lennie werden helfen, diese zu überstehen.

Dr. Löwenstark, der Werksarzt, hat ihm empfohlen, auf Kaffee zu verzichten und auf Wasser oder Tee umzusteigen. Selbstverständlich soll Lono bei einem gesunden Frühstück nicht auf die Tasse Kaffee verzichten, aber frühstückt er gesund? Weiter ist es auch wichtig zu beachten, dass der Kaffee im Laufe eines Tages nicht zum Hauptflüssigkeitslieferanten wird. Ein zu hoher Kaffeekonsum wirkt harntreibend und sorgt ebenfalls dafür, dass der Körper an Flüssigkeit verliert, so Werksarzt Dr. Löwenstark.

Zwei Tage hatte Lono durchgehalten und vermehrt Wasser und Tee getrunken. Aber das schmeckt ja so rein nach gar nichts, war sein Kommentar. Sein innerer Schweinehund hatte wieder mal gesiegt. Den Ausgleich gönnt sich Lono dann bei schönem Wetter im Biergarten, bei einer Maß Bier, die erfrischend schmeckt. Leider ist aber Alkohol als Flüssigkeitsausgleich ungeeignet. Alkohol in großen Mengen sorgt dafür, dass der Körper an Flüssigkeit verliert, da der Körper versucht, den Alkohol wieder abzubauen. Dazu wird Körperflüssigkeit verbraucht, welche hierzu noch dringender benötigt wird. Auch ein Interview mit dem Komiker Lotto hat Lono kürzlich kaltgelassen. Lotto teilte mit, dass er auf der Tour keinen Alkohol konsumiert, weil sonst die Tour-Strapazen nicht zu bewerkstelligen sind.

# Kimba

Wasser ist Leben!

Kimba wacht eines Nachts auf und hat ein starkes Durstgefühl. Der Hals ist trocken, die Nase zu. Er wälzt sich dann minutenlang im Bett von links nach rechts, bevor er wieder einschläft. Am Morgen ist er ziemlich geschafft.

Kimba fällt auf, dass er in den letzten Tagen weniger als sonst getrunken hat. Als er darüber nachdenkt, fällt ihm auf, dass ein paar vereinzelte Kollegen ständig mit einer Wasserflasche zu sehen sind. So ist es bei Müller-Wechselhaft. Eigentlich hätte Kimba bei ihm auf dem Schreibtisch nicht Wasser, sondern Cola, Lanta oder Fruchtsaft erwartet. Anfangs hatte Kimba das gar nicht realisiert. Erst bei langen Meetings mit der Geschäftsleitung fiel ihm auf, dass Müller-Wechselhaft regelmäßig Mineralwasser, und zwar ohne Kohlensäure, zu sich nahm. Erstaunt stellte Kimba fest, dass Müller-Wechselhaft nach den langen Meetings immer fit war, seine Verhandlungspartner dagegen schwächelten und auch zu gähnen anfingen. Diese Beobachtung ließ ihm keine Ruhe, so dass er seine Frau Pantera darauf ansprach. Pantera musste laut lachen. Als Ernährungsberaterin weiß sie nur zu gut darüber Bescheid. Nach dem Abendessen blieb der Fernseher wieder einmal aus. Pantera und Kimba saßen bei einem Glas Rotwein zusammen und die Löwendame erzählte Kimba alles Wissenswerte über Wasser.

Wasser ist, wie Sauerstoff, ein wichtiges Lebenselixier für alle Lebewesen – so auch im Löwenkörper. Ohne Wasser geht da gar nichts. Wir wissen ja, dass wir gerade einmal drei Tage ohne Wasser überleben können. So beträgt der Wasseranteil beim Löwen ungefähr 60 %. Diese Zahl nimmt unter Leistung und auch bei älteren Löwen ab, was das regelmäßige und gesunde Trinken gerade für Leistungsträger und ältere Löwen umso wichtiger macht.

Wasser hat im Körper sehr viele Aufgaben: Wasser sorgt dafür, dass die Körpertemperatur reguliert und der Körper vor Überhitzung geschützt wird. Nicht nur an heißen Tagen ist es wichtig, richtig viel zu trinken. Auch unter starker geistiger oder körperlicher Belastung, bei Stress oder zur Burnout-Prävention ist die regelmäßige Zufuhr von Wasser wichtig. Neueste Erkenntnisse zeigen, dass ein Löwe pro Kilogramm Körpergewicht etwa 0,04 l Wasser pro Tag zu sich nehmen sollte. Kimba lehnt sich zurück und beginnt zu rechnen. Das heißt, bei 25 kg macht das einen Liter, bei 50 kg zwei Liter, bei 75 kg drei Liter, bei 100 kg dann ganze vier Liter. Zurückschauend stellt Kimba fest, dass er diese Menge an Wasser in den letzten Wochen nicht mal ansatzweise konsumiert hat. „Wie kann ich das ändern?", fragt Kimba. Pantera grinst: „Das kann man leicht ändern, ich zeige dir wie."

Und so hört Kimba gespannt zu. „Am besten unterstützen kleine Trinkhilfen. Eine große Zwei-Liter-PET-Flasche ist eher kontraproduktiv, da diese alleine schon der Größe wegen abschreckt. Es kommt auch das Gefühl auf, dass man das nie schaffen wird, und somit wird der Geist negativ belastet. Viel ratsamer sind mehrere kleine Flaschen", so Pantera. „Gerade bei dir, mein lieber Kimba, sind das nun sieben Flaschen à 0,5 Liter." Mit der ersten Flasche Wasser fängt Kimba künftig nach dem Aufstehen an. Während des Schlafens verliert Kimbas Körper durch Schwitzen und Körperausdünstungen Flüssigkeit. Daher ist es wichtig, bereits in der Früh, zum Frühstück, mit der ersten Flasche zu beginnen.

So füllt Kimba bereits am nächsten Morgen seine Wasserreserven auf und startet gut hydriert in den neuen Tag. Fünf weitere Wasserflaschen nimmt er ab sofort mit ins Büro und stellt diese auf seinen Schreibtisch. Alleine die vor ihm stehenden Flaschen erinnern ihn daran, einen Schluck Wasser zu trinken. Es ist schließlich nur ein Viertelliter pro Stunde. Das ist nicht viel und locker zu schaffen. Auch zu den Meetings nimmt Kimba ab sofort immer eine Wasserflasche mit. Während des Meetings schnell einen Schluck getrunken und die Leistungsfähigkeit bleibt lange erhalten. Erstaunlicherweise dachte Kimba, dass Müller-Wechselhaft motzt, wenn er mit einer Wasserflasche bewaffnet zum Meeting kommt. Aber weit gefehlt. Müller-Wechselhaft schenkt ihm ein Lächeln, als er Kimba das erste Mal mit einer Wasserflasche sieht. Zurück am Arbeitsplatz tauscht Kimba dann die leere Wasserflasche aus. Es ist schön zu sehen, dass es den Geist beflügelt, und schön zu realisieren, wie eine Wasserflasche nach der anderen geleert wird. Ein Erfolgserlebnis stellt sich ein. Mit dieser Methode der kleinen Schritte schafft Kimba es somit während zehn Stunden Arbeitszeit, locker fünf Halbliterflaschen Wasser zu trinken. Auch sein Körper gewöhnt sich daran und den restlichen Liter schafft er nun ohne Probleme zu Hause – auch dadurch, dass seine Löwenfrau fortan eine Glaskaraffe mit Wasser zum Abendessen auf den Tisch stellt. Wasser hat zudem einen weiteren positiven Nebeneffekt. So neutralisiert es die Geschmacksrezeptoren und die Lebensmittel schmecken intensiver. Zu Hause verwendet Löwina ganz normales Leitungswasser. Leitungswasser gehört in Löwenland zu den am strengsten kontrollierten Lebensmitteln und bietet vielerorts eine hervorragende Trinkqualität. Viele Löwengemeinden bieten sogar frisches Quellwasser aus dem Hahn, ein absolutes Luxusprodukt.

# 14

# Große Brocken zuerst, dann den Kleinkram!

## Lono

Lono im Kleinkram-K(r)ampf!

Mittlerweile ist der schon vor längerer Zeit geplante Abbau der zentralen Bereiche bei Tiger & Meyer weit vorangeschritten: Einige Mitarbeiter haben das Abfindungsangebot angenommen, anderen ist gekündigt worden. Die Hauptauswirkung im Bereich von Lono ist, dass diverse organisatorische Aufgaben, die sonst zentral erledigt wurden, nun von Lono und seinen Mitarbeitern selbst übernommen werden müssen.

© Springer Fachmedien Wiesbaden 2016
P. Buchenau und Z. Davis, *Die Löwen-Liga*, DOI 10.1007/978-3-658-12407-6_14

Da das Reporting aus dem zentralen Bereich nun ausbleibt, soll Lono nicht mehr nur monatlich, sondern wöchentlich über die Verkaufszahlen und die angefallenen Kosten berichten. Lono ärgert sich: Die da oben haben doch keine Ahnung von unseren Problemen hier. Die meinen wohl, dass wir durch eine engere Kontrolle schneller arbeiten, setzt Lono seine Gedanken fort. Lono ist aber auch klar, dass man nichts dagegen machen kann, wenn das Top-Lion-Management hierauf besteht. Der Bericht hat immer am Montag um 8 Uhr in der Früh beim CLO Luchs Lunte zu sein. Lono setzt sich meistens am Freitagnachmittag hin und versucht, die Aufgabe zu erledigen. Manchmal wird er am Freitag zu einer löwengerechten Zeit – wenn auch später als geplant und erhofft – fertig. Oft aber nimmt Lono die Aufgabe mit nach Hause. Am Wochenende beschäftigt ihn dann die offene Aufgabe. Wenn er morgens aufwacht, sind offene Aufgaben oft das Erste, an das er denkt. Manchmal schließt er dann vor dem Frühstück den Bericht ab, manchmal schleppt er das Thema den ganzen Tag oder gar das ganze Wochenende lang gedanklich mit sich herum. Häufig ist er zwar physisch bei seiner Familie, aber geistig abwesend. Löwina ist das auch schon aufgefallen. Oft und lange hatte sie Verständnis für die jeweilige Sondersituation oder Übergangsphase. Mittlerweile ist ihr aber klar, dass die Situation mit seiner Überlastung eher ein Dauerzustand ist. Sie fragt sich, ob es an Lono selbst liegt oder ob die Unternehmenswelt einfach mittlerweile so ist.

Als es an einem Sonntag mal wieder nur um den Job geht und Lono wieder vor seinem LiMac hängt, wird es der Löwendame zu bunt. Sie fragt Lono, ob es wirklich berufliche Dinge gibt, die zwingend heute zu erledigen sind. Lono ist ohnehin genervt und braucht jetzt nicht auch noch eine – in seinen Löwenaugen – fordernde oder meckernde Frau. „20 Minuten noch", brummelt Lono. Löwina nagelt ihn fest: „Wenn du eine halbe Stunde hast, versprichst du mir dann, dass es für den Rest des Sonntags nur die Familie gibt?" Lono stimmt zu, vor allem weil es der Weg des geringsten Widerstands ist, aber auch weil er spürt, dass sie Recht hat.

Im weiteren Verlauf des Sonntags verspürt Lono immer wieder den Impuls, seine Lion-Mails zu checken. Ein paar Male ertappt er sich sogar dabei, reflexartig zum seinem LiPhone zu greifen. Er unterbricht die Bewegung dann jeweils, in der Hoffnung, dass seine Frau es nicht gesehen hat. Dies ist ihm selbst ein wenig unangenehm. Lono versucht, sich mit seinen Kindern zu beschäftigen. Er merkt hierbei, dass er sich schwertut, einen Zugang zu seinen Kindern zu finden. Auch mit seiner Frau gibt es zunächst kaum gemeinsame Gesprächsthemen – und wenn sie miteinander über Themen sprechen, die sich nicht auf Erledigungen und Notwendiges beziehen, dann fühlt es sich ein wenig fremd an. An vielen Stellen wird Lono bewusst, dass man sich fremd geworden ist. Wie soll ich aber auch – bei den Anforderungen im Job – den Kopf für die Familie frei haben, rechtfertigt sich Lono vor sich selbst. Er ist innerlich sehr aufgewühlt.

Am nächsten Morgen sitzt Lono wieder wie gewohnt am Schreibtisch. Er schaut auf seine Termine für die Woche: Hierbei fällt ihm auf, dass er für die zweitägige Geschäftsreise, die morgen und übermorgen stattfindet, noch keine Daten zur Flugbuchung erhalten hat. Er will gerade zum Hörer greifen, um die Lioncy, die interne Reisestelle, anzurufen. In dem Moment fällt ihm ein, dass es diesen zentralen Bereich nicht mehr gibt. Mist, denkt sich Lono, weil ihm klar wird, dass er sich nun auch hierum selber kümmern muss. Nach einer kurzen Recherche findet er ein Reisebüro in der Nähe. Diesem gibt er nach rund einer Minute in der Warteschleife erst seine Kontaktdaten und dann seinen Reisewunsch durch. Man werde die Optionen heraussuchen und ihn zurückrufen, heißt es am anderen Ende der Leitung. Nach dem Telefonat stürzt sich Lono in die nächste Aufgabe.

Ein Mitarbeiter steht in der Tür und bittet um eine Information. Nach 15 min klingelt Lonos Telefon. Er erkennt die Nummer des Reisebüros und sagt seinem Mitarbeiter, dass er kurz drangehen müsse. Mit der freundlichen Löwin vom Reisebüro spricht er die Flugoptionen durch, während sein Mitarbeiter wartet. Nach diversen Optionen bezüglich Fluggesellschaft, Zeit, Preis und Buchungsklassen und knapp zehn Minuten Gespräch ist die Entscheidung gefallen. Danach schließt Lono das Mitarbeitergespräch ab. In seinem Posteingang befindet sich eine Lion-Mail mit den Flugdaten – zwar nicht im gewohnten Format, aber immerhin ist das Thema erledigt.

# Kimba

Kimba startet mit den großen Brocken!

Mittlerweile ist der schon vor längerer Zeit geplante Abbau der zentralen Bereiche bei Tiger & Meyer weit vorangeschritten: Einige Mitarbeiter haben das Abfindungsangebot angenommen, anderen ist gekündigt worden. Die Hauptauswirkung im Bereich von Kimba ist, dass diverse organisatorische Aufgaben, die sonst zentral erledigt wurden, nun von Kimba und seinen Mitarbeitern selbst übernommen werden müssen.

Kimba fragt sich, warum immer mehr Aufgaben, die früher von zentraler Seite durchgeführt wurden, nun bei ihm und seinen Mitarbeitern landen. Klar, man will Kosten einsparen, liefert Kimba die Erklärung gleich selbst mit. Ihm ist aufgefallen, dass es in der Management-Literatur und auch bei einigen Beratungsunternehmen eine Zeit lang den Trend gibt, zentrale Stellen abzubauen. Dann gibt es danach oft einen Trend in die gegenteilige Richtung, nämlich die funktionalen Bereiche zu entlasten, damit sich diese auf ihre eigentlichen Hauptaufgaben konzentrieren können. Welche Variante besser ist, lässt sich wohl kaum pauschal beantworten, bewertet Kimba. Er ist jedoch der Ansicht, dass diese Entwicklungen, die mal in die eine und mal in die andere Richtung gehen, ein klassisches Beispiel für Veränderungen ohne Fortschritt sind.

Neu eingeführt hat das Top-Lion-Management, dass der Bericht zu den Verkaufszahlen und der aktuellen Kostensituation nicht mehr monatlich, sondern wöchentlich abzugeben ist – und das schon bis Montagmorgen um 8 Uhr. Warum ist dies wohl so, fragt sich Kimba. Er vermutet, dass die obere Führungsriege im Bilde sein möchte, um über starke Veränderungen frühzeitig informiert zu sein und entsprechend reagieren zu können. Kimba fragt sich, ob es vielleicht möglich ist, diesem Wunsch gerecht zu werden und dennoch nicht allzu viel Mehraufwand damit zu haben. Beim nächsten Treffen mit dem zuständigen Lion-Manager fragt Kimba nach dem Hintergrund dieses Umstellungswunsches. Tatsächlich lag Kimba mit seiner Vermutung richtig. Hierauf ist er inhaltlich und argumentativ gut vorbereitet. Kimba führt an, dass der Lion-Manager die Entwicklung frühzeitig sehen will, aber auch nicht mit Informationen zugeschüttet werden will. Hierzu erntet Kimba ein heftiges Zustimmen in Form eines Nickens mit dem mächtigen Löwenkopf samt Löwenmähne durch seinen Ober-Chef. Kimba schlägt vor, dass in den Fällen, in denen die Abweichungen unter fünf Prozent liegen, nur ein Minibericht fällig ist. In den Fällen hingegen, in denen es zu einer größeren Abweichung gekommen ist, gibt es hierzu eine ausführliche Analyse inklusive Ursachenforschung und mindestens einem Verbesserungsvorschlag. Der Lion-Manager ist beeindruckt von Kimbas Fähigkeit, mitzudenken. Als Kimba sagt, dass es aktuell keine nennenswerte Abweichung gibt, ist sein Ober-Chef damit einverstanden, für die kommende Woche auf den Bericht zu verzichten. Die Vorbereitung der Berichte für die Folgewochen definiert Kimba als Aufgabe für die kommende Woche. Kimba geht erhobenen Hauptes ins Wochenende.

Auf der Fahrt entscheidet Kimba, dass er am Samstagvormittag ausnahmsweise in seine Lion-Mails reinschauen wird, weil er weiß, dass es in der Produktion eine Umstellung gibt, die möglicherweise seine Unterstützung benötigt. Seiner Frau erklärt er die Situation, verspricht aber, den Rest des Wochenendes für die Familie da zu sein. Am nächsten Morgen tritt tatsächlich ein Problem auf. Kimba verbringt eine knappe Stunde am Telefon mit einem Lion-Meister. Er hat zwar ein ungutes Gefühl dabei, nicht beim Frühstück dabei zu sein, schließt das Thema aber ab und geht dann zu seiner Familie. Pantera spürt sein leicht schlechtes Gewissen und sagt: „Schatz, jeder muss manchmal Dinge erledigen, und jetzt freuen wir uns auf unser Familienwochenende." Kimba ist sehr erleichtert, dass er die Unterstützung seiner Frau hat.

Am Montagmorgen ist Kimba um 7:45 Uhr im Büro. Er erkundigt sich kurz in der Produktion, ob noch irgendetwas Dramatisches passiert ist, das er wissen sollte. Der Lion-Meister sagt, dass noch ein paar Probleme aufgetaucht seien, man diese aber in den Griff bekommen habe. Das freut Kimba – nicht zuletzt deshalb, weil er die Zeit von 8 bis 9 Uhr, wenn es irgendwie möglich ist, blockt, um an strategisch wichtigen Aufgaben zu arbeiten. Für heute hat er sich die Entwicklung von sechs Vorlagen vorgenommen: eine Vorlage für die Umsatzentwicklung und eine für die Kostensituation, jeweils für die Situation der geringen Abweichung, der starken Abweichung nach oben und der starken Abweichung nach unten. Kimba entscheidet, in der Zeit, in der er hieran arbeitet, nur für Notfälle erreichbar zu sein. Hierzu schließt er sein Lion-Mail-Programm, um gar nicht der Versuchung zu unterliegen, zwischendurch in die Lion-Mails zu schauen. Für die Vorlagen braucht Kimba dann 15 min länger als gedacht, also bis 9:15 Uhr. Zufrieden zieht Kimba Bilanz: Selbst wenn ich heute nichts selbst Vorgenommenes mehr schaffen sollte – das war ein echter Schritt nach vorne!

# 15

## Mach dir sinnvolle Gedanken!

### Lono

Löwe, ärgere dich nicht!

Lono schläft in der letzten Zeit sehr schlecht. Die Ereignisse in der Firma, der permanente Leistungsdruck, sein Drang nach Perfektion, lassen ihn sowohl schlecht einschlafen als auch sehr schlecht durchschlafen. Immer wieder hat er das Gefühl, dass seine Gedanken im Kopf kreisen, ihn nicht zur Ruhe kommen lassen. Am Morgen ist er dann unausgeschlafen, mürrisch, leicht aggressiv und unkonzentriert. So passiert es zum wiederholten Mal, dass Lono den Wecker nicht hört. Lono schreckt auf, es ist kurz

© Springer Fachmedien Wiesbaden 2016
P. Buchenau und Z. Davis, *Die Löwen-Liga*, DOI 10.1007/978-3-658-12407-6_15

nach 8 Uhr. Für 9 Uhr hat Müller-Wechselhaft kurzfristig ein Management-Meeting einberufen. Das schaffst du nie, redet sich Lono ein. Er jagt durch das Bad, zieht schnell ein Hemd, Anzug und Krawatte an. Auf dem Weg zur Tür stolpert er über die Spielsachen der Kinder. Mit voller Wucht knallt er gegen die Eingangstür. „Können die Kinder nicht mal ihre Spielsachen aufräumen?", schreit er zurück ins Haus.

Lono springt ins Auto und startet den Wagen, der Motor springt leise surrend an. Lono fährt rückwärts aus der Einfahrt und merkt dabei nicht, dass er mit den Vorderrädern das Blumenbeet von Löwina geebnet hat. Mit weit über 70 km/h fährt er nun durch den kleinen Vorort, immer ein Auge offen, ob nicht links oder rechts am Straßenrand eine Geschwindigkeitskontrolle steht. Den Führerschein nun zu verlieren, wäre noch die Krönung. Er fährt auf die große Kreuzung zu, die ihn auf die Bundesstraße bringt. Aber die erste Ampel ist rot. Diese Ampel ist doch sonst nicht rot, ärgert Lono sich. Warum gerade jetzt, wo er es eilig hat? Und warum schaltet die Ampel so lange nicht um? Für Lono fühlt es sich wie eine Ewigkeit an. Er malt sich aus, wie Müller-Wechselhaft ihn in der Luft zerreißen wird, wenn er nicht pünktlich zu der Besprechung erscheint. Nach gefühlten zehn Minuten schaltet die Ampel auf Grün und Lono biegt links in Richtung Stadt ab. „Nein, nein", brüllt er und schlägt mit der Faust aufs Lenkrad. Ein Stau. Es geht nur ganz langsam voran. Überholen kann Lono nicht, die Straße ist zu unübersichtlich. „Warum ausgerechnet heute? Wieso nicht gestern oder morgen?", schimpft er. Er merkt, wie sein Blutdruck steigt. Sein Puls wird schneller, sein Bauch zieht sich zusammen. Er fängt an zu schwitzen. Minuten um Minuten vergehen, bis er endlich vorne beim Stauverursacher ankommt. Ein Traktor. Kann denn dieser Landwirt nicht ein anderes Mal mit dem Traktor in die Stadt fahren? Hupend und mit Vollgas überholt Lono. Das hat ihn zehn Minuten gekostet. Zehn Minuten Zeit, die er bräuchte, um vielleicht doch noch pünktlich zur Besprechung zu kommen.

Die Situation zerrt an seinen Nerven. Als er kurze Zeit später auf das Firmengelände fahren will, staut es sich auch dort. „Was ist das denn? Nein, nein … Heute hat sich wirklich alles gegen mich verschworen." Lono arbeitet nun einige Jahre bei Tiger & Meyer und all die Jahre kam hier nie der Firmengüterzug der benachbarten Handelsfirma vorbei. Die Schranken sind unten und jeder, der schon einmal an einer Firmenschranke gewartet hat, weiß, wie lange das dauert. Da wird hin und her rangiert. Die Bahnbediensteten lassen sich Zeit und Lono beißt im wahrsten Sinne des Wortes in das Lederlenkrad. Weitere Minuten verrinnen. Endlich gibt der Bahnbedienstete die Fahrt auf das Firmengelände frei. Lono steuert auf seinen Stammparkplatz hin, doch dieser ist besetzt. Das kann doch nicht wahr sein, wer erlaubt es sich, seinen Parkplatz, den er schon seit Jahren innehat, zu benutzen, schimpft er vor sich hin. Dadurch, dass Lono zu spät ist, findet er auch keinen Parkplatz in unmittelbarer Nähe des Eingangs. Weit hinten auf dem Firmengelände findet er endlich einen freien Parkplatz. Er springt aus dem Wagen und rennt zum Hauptgebäude. Er rennt durch die Drehtür und bleibt schmerzhaft am Drehkreuz hängen. Lono hat in der Eile seinen Ausweis vergessen. Er stampft wütend zur Rezeption und lässt sich einen Ersatzausweis ausstellen. Weitere Zeit vergeht. „Heute geht auch alles schief", sagt er sich und schaut auf die Uhr, die 9:15 anzeigt. Wäre er doch heute erst gar nicht aufgestanden. Kurze Zeit später stürmt Lono ins Besprechungszimmer. Den ganzen Weg überlegt er sich, welche Ausrede er Müller-Wechselhaft erzählen kann, um einigermaßen unbeschadet über die Runden zu kommen. Völlig außer Atem, mit hochrotem Kopf kommt er im Besprechungszimmer an. Doch dort stehen nur die anderen Abteilungsleiter im Kreis und diskutieren. Müller-Wechselhaft ist nicht da. Er hat angerufen und wird sich verspäten. Auf die Idee, anzurufen, ist Lono vor lauter Stress und negativen Gedanken nicht gekommen.

# Kimba

Weises Bild beflügelt die Phantasie!

Kimba verspürt in letzter Zeit einen größeren Leistungsdruck. Manchmal liegt er eine Weile wach. Wenn er aber einschläft, schläft er meistens gut.

Eines Morgens steht Kimba in Müller-Wechselhafts Büro und schaut mürrisch, bestimmt zum x-ten Mal das Bild hinter dem Schreibtisch an. Dunkelbrauner, eleganter Rahmen, angepasst an die Möbel und abgestimmt auf den Teppich. Das Interessante an dem Bild ist eigentlich, dass da kein Bild ist. Es ist ein Rahmen mit weißer Leinwand. Oft hat sich Kimba gefragt, warum in einem solch schönen Rahmen kein Bild ist. Mag Müller-Wechselhaft zu geizig sein, hier ein Bild einzupassen? Eine schöne Gebirgslandschaft oder auch einer der großen Meister würden sehr gut dazu passen. Als sein Chef den Raum betritt, fragt ihn Kimba bezüglich des bilderlosen Rahmens. Müller-Wechselhaft dreht sich um, schaut Kimba an. „Wissen Sie, Kimba", startet er das Gespräch, „ich bin nun seit 18 Jahren in dieser Firma, ich bin seit 15 Jahren in diesem Büro und Sie sind nun der Erste, der mich nach diesem Bild fragt. Was sehen Sie in diesem Bild?" Kimba versteht die Frage nicht. Nichts, da ist doch nichts, sagt er sich – was soll ich denn da sehen? Das kann er aber doch Müller-Wechselhaft nicht sagen. Er probiert es mit Humor. „Ein Eisbär im Schneesturm", antwortet er. Sein Chef beginnt zu grinsen. „Sehen Sie, es war doch gar nicht so schwer, Sie haben Recht, ein Eisbär im Schneesturm." Kimba versteht nicht. Was wäre passiert, wenn er etwas anderes gesagt hätte? Zum Beispiel „ein Huhn im Nebel"? Überraschenderweise nimmt ihm Müller-Wechselhaft das weitere Überlegen ab. „Es ist ein Wunschbild", meint er. „In diesem Bild sehen Sie, was Sie wollen, was immer Sie sich vorstellen mögen. Sie können Ihrer Phantasie und Ihrem Glauben freien Lauf lassen. Gönnen Sie sich die Zeit, setzen Sie sich zehn Minuten in den Sessel und schauen Sie einfach das Bild an", fordert Müller-Wechselhaft ihn auf. Kimba setzt sich in den Sessel. Sein Blick ist auf das leere Bild gerichtet. Müller-Wechselhaft hat mittlerweile das Büro verlassen. Das Schauen auf die weiße Leinwand beruhigt Kimba, macht ihn müde. Es ist so, als ob dieses Bild magische Kräfte besitzt. Kimba atmet ruhig und gleichmäßig. Er muss an die Biografie von Roy Oliver Löwney denken, den älteren Bruder von Walt Löwney, der leider 1966 zu früh verstarb. Löwney eröffnete 1971 den riesigen Vergnügungspark Löwneyworld in Florida. Bereits während der Planungsarbeiten gab es einen heftigen Streit zwischen Löwney und seinen Bauleitern und Architekten. Diese wollten den Park in der Art und Weise errichten, wie sie schon viele Vergnügungsparks geplant und gebaut hatten, nämlich am Rande des Parks beginnend, die bereits errichtete Infrastruktur nutzend und danach Schritt für Schritt weiter in die Mitte des Parks vordringend, um dort das gigantische Lionscastle zu errichten. Dieses schien allen die kostengünstigste und effektivste Realisierung zu sein. Löwney aber wehrte sich mit allen Mitteln. Er wollte, dass das Lionscastle als Erstes errichtet wird. Dies war in den Augen seiner Architekten eine absolut unsinnige Reihenfolge. Doch Löwney hatte eine Vision: Er sah das Castle, das ihn magisch anzog. Nach langem Ringen mit den uneinsichtigen Architekten griff Löwney zu einer unpopulären Maßnahme und entließ alle seine Architekten. Er stellte junge, offener denkende Architekten ein. Diese setzten seinen Wunsch um. Sie errichteten das Lionscastle in der Mitte des Parks als Erstes. Überraschenderweise wurde der Park trotz der anfänglichen Verzögerung früher als geplant eröffnet. Auch die Baukosten wurden massiv unterschritten. Zur Eröffnung von Löwneyworld im Jahre 1971 offenbarte Löwney sein Geheimnis. In einem Interview sagte er der Financial Lions, dass das Geheimnis im Glauben gelegen habe. Er habe das Lionscastle zuerst bauen lassen, weil er auf die Macht der Gedanken vertraute. Mit der Fertigstellung des Schlosses sahen alle Löwen auf der riesigen Baustelle, wofür sie arbeiteten, was sie antrieb, wofür es sich lohnte, jeden Morgen aufzustehen und die Arbeit aufzunehmen. Jeder der Löwen war stolz darauf, bei Löwney zu arbeiten und ein Teil von Löwneyland zu werden. Der Glaube versetzt Berge, heißt es doch. Glaube an dein Ziel, denke positiv darüber, vor allem sprich positiv darüber, und du wirst dein Ziel erreichen.

Kimba spürt eine Hand auf seiner Schulter. Erschreckt dreht er sich im Sessel um und sieht in Müller-Wechselhafts grinsendes Gesicht. Kimba war völlig in Gedanken versunken. Doch Müller-Wechselhaft beruhigt ihn. „Sehen Sie, Kimba", sagt er leise, fast väterlich. „Genau deshalb habe ich seit 15 Jahren dieses Bild im Büro hängen. Doch nun ab an die Arbeit."

Kimba verlässt Müller-Wechselhafts Büro und macht sich an seine Arbeit. Dieses Erlebnis wird er nicht so schnell vergessen. Morgen fährt er in die Stadt und kauft sich auch einen großen Rahmen für daheim. Der Glaube versetzt also doch Berge.

# 16

## Meistere das Modellieren!

## Lono

Lono, Brandmeister Nummer eins!

Eine Kundenzufriedenheitsumfrage hat ergeben, dass sich Kunden wünschen, nicht so viele verschiedene Ansprechpartner zu haben. Dies liegt daran, dass Tiger & Meyer eine komplexe Matrixstruktur mit verschiedenen Sparten und Gesellschaften hat. Das Top-Lion-Management entscheidet, dass es für jeden Kunden nur „one lion head to the customer" geben soll. Lono erhält für die Bündelung der Kompetenz für das Key Account Liemens die Projektleitung.

© Springer Fachmedien Wiesbaden 2016
P. Buchenau und Z. Davis, *Die Löwen-Liga*, DOI 10.1007/978-3-658-12407-6_16

Lono weiß, dass das Projekt erst im nächsten Monat wirklich starten wird, weil die vorgesehenen Projektmitarbeiter zum überwiegenden Teil vorher noch nicht verfügbar sind. Gott sei Dank hat das Ganze noch ein wenig Zeit, denkt sich Lono, der bis zum Nackenfell im Tagesgeschäft steckt. Das Tagesgeschäft unterliegt weiterhin dem folgenden Prinzip: Es werden die größten Brände zuerst gelöscht in der Hoffnung, dass die kleineren Brände in der Zwischenzeit nicht unkontrollierbar groß werden.

Ein paar Wochen später ist es dann so weit: Der Startschuss für das Projekt fällt. Beim Kick-off wird vom Top-Sales-Lion das Ziel vorgegeben und die zeitlichen und finanziellen Rahmenbedingungen mitgeteilt. Jeder Mitarbeiter weiß grob, was er jeweils zu tun hat. Lono erklärt, dass er das Projekt über die Software Lion-Project managen und die Aktivitäten hierin festhalten wird und dass er nach dem jeweiligen Stand der Dinge fragen wird. Nach dem Kick-off-Meeting setzt sich Lono an die Projektsteuerungsdatei. Hierbei wird ihm klar, dass es aufgrund der Vielzahl der Produkte, involvierten Löwen und Daten aus verschiedenen Systemen relativ komplex werden wird. Der kritische Pfad ist sehr schmal.

Nachdem das Projekt ein paar Tage läuft, wird Lono zunehmend klar, wie komplex und umfangreich viele Detailthemen sind. Hierbei kristallisiert sich für Lono heraus, dass er das Projekt nicht wird vernünftig managen können, ohne jemanden zu haben, der ihn persönlich unterstützt. Lono geht zu seinem Chef Müller-Wechselhaft und trägt sein Anliegen vor. Es kostet ihn einiges an Überzeugungskraft, bis er eine weitere Assistenz von einer Leiharbeitsfirma für vier Monate genehmigt bekommt. Immerhin muss er sich nicht um die Rekrutierung kümmern – und siehe da, schon zwei Tage später ist ein junger Löwe, der seit der Beendigung seiner Ausbildung vor ein paar Monaten einen Job sucht, vor Ort, um Lono zu unterstützen. Es stellt sich heraus, dass der junge Helfer Lion-Project noch nicht kennt und hier ein „lioning by doing" betreiben muss. Lono erklärt viele Aspekte des Projekts und überträgt seinem Assistenten die Pflege der Projektaktivitäten ins Programm Lion-Project.

Im Laufe des Projekts macht der Assistent zahlreiche Abfragen zum Stand der Dinge und aktualisiert diese in der Steuerungsdatei. An manchen Stellen sagen ihm Projektmitarbeiter, dass die Abhängigkeiten etwas anders sind als in der Datei abgebildet. Auf deren Aussagen vertrauend, werden diese Änderungen eingepflegt. Die Statusmeldungen werden primär per Lion-Mail mitgeteilt. An manchen Tagen gehen bei der Projektsteuerung mehr als ein Dutzend Aktualisierungen und ähnlich viele Fragen von Projektmitarbeitern zum Erledigungsstand ein. Lono ist bei entscheidenden Meetings dabei und fragt seinen Assistenten hin und wieder, ob alles so weit passt.

Eines Tages erhält Lono eine Beschwerde, dass eine Aufgabe als erledigt galt, es sich aber herausgestellt hat, dass diese durch den zuständigen Löwen in Lasien doch noch nicht abgeschlossen war. Lono schaut selber in Lion-Project nach: Tatsächlich ist die Aufgabe als fertig eingetragen. Lono hakt bei seinem Assistenten nach. Dieser beteuert, dass er den Kollegen in Lasien explizit gefragt habe und dieser telefonisch die Erledigung bestätigt habe. Nach eigener Recherche stellt Lono fest: Die Aufgabe ist nicht einmal angefangen. Lono ist sauer und schimpft vor sich hin. Die Nichterledigung bedeutet eine deutliche Verschärfung der Situation. Lono schaut sich die Lion-Project-Datei, erstmalig nach längerer Vereinnahmung durch das Tagesgeschäft, genauer an. Einzelne Fehler fallen ihm auf. Dann stellt er fest, dass einige Abhängigkeiten nicht mehr stimmen. Je genauer er schaut, desto mehr Fehler fallen ihm auf. Verärgert, aber sich halbwegs im Zaume haltend, konfrontiert er seinen Assistenten mit den Fehlern. Dieser gibt offen zu, dass er manche – speziell technischen – Zusammenhänge nicht nachvollziehen kann und auf die Aussagen der Projektmitarbeiter vertraut hat. Lono kocht innerlich: Er ist sauer auf seine Kollegen, die es doch besser wissen müssten. Aber er ist auch sauer auf sich selbst, weil er insgeheim weiß, dass er diese zentrale Steuerung nicht aus der Pfote hätte geben dürfen.

Letztlich werden in dem Projekt sowohl die zeitlichen als auch die finanziellen Vorgaben deutlich überschritten. Für Lono hat dies keine Konsequenzen – das Lion-Management ist nicht erfreut, aber gleichzeitig gewöhnt, dass dies bei Projekten meistens der Fall ist.

# Kimba

Kimba modelliert – nicht nur beim Sport!

Eine Kundenzufriedenheitsumfrage hat ergeben, dass sich Kunden wünschen, nicht so viele verschiedene Ansprechpartner zu haben. Dies liegt daran, dass Tiger & Meyer eine komplexe Matrixstruktur mit verschiedenen Sparten und Gesellschaften hat. Das Top-Lion-Management entscheidet, dass es für jeden Kunden nur „one lion head to the customer" geben soll. Kimba erhält für die Bündelung der Kompetenz für das Key Account LASF die Projektleitung.

Es sind noch ein paar Wochen bis zum Projektstart: Kimba empfindet einerseits Vorfreude, andererseits weiß er, dass es eine Zusatzbelastung wird und er keine Erfahrung im Aufbau eines Key-Account-Managements hat. Bestimmt gibt es hierzu Erfahrungswerte und typische Fehler, die hierbei häufig gemacht werden, denkt sich Kimba. Das erinnert ihn an etwas, das er einmal im Buch „Zeitintelligenz" von Zach Löwis gelesen hat: Hier ging es um das Modellieren, genauer das Modellieren von sehr guten Leistungen beziehungsweise das Lernen von anderen. Wer hat Erfahrung mit dem Aufbau eines Key-Account-Managements, fragt sich Kimba. Da schießt ihm ein Studienfreund in den Kopf. Zudem postet er das Thema bei Lionbook. Auf Letzteres bekommt er gleich mehrere Antworten. Es stellt sich heraus, dass ein Kontakt, den er bisher nur als „Freund" bei Lionbook kennt, umfangreiche Erfahrung hiermit hat. Beide verabreden sich zum Mittagessen. Dann ruft Kimba seinen Studienfreund an und fragt diesen, ob er auch mitkommen möchte. Ein paar Tage später treffen sich die drei Löwen. Kimba fragt die beiden nach ihrer Erfahrung im Key-Account-Management. Den beiden schmeichelt die Frage und sie erzählen frei von der Leber weg. Manche Punkte sind Kimba ohnehin klar gewesen. Auf andere Punkte wäre er nie gekommen, auch wenn diese genauso logisch erscheinen, nachdem sie geschildert wurden. Kimba hat letztlich das Gefühl, mehr Praxis-Tipps bekommen zu haben als in den meisten Schulungen – und das gratis in einer angenehmen Runde.

Ein Tipp, den seine beiden Löwenfreunde ihm mitgegeben haben, ist, dass er unbedingt eine persönliche Assistenz braucht, welche ihm ein paar Arbeiten aus dem Tagesgeschäft abnimmt, aber hauptsächlich unterstützend im Projekt wirkt. Kimba bereitet eine kurze, aber klare Überzeugungsstrategie vor. Hierbei beruft er sich unter anderem darauf, dass Projekte oft an der zeitlichen und aufgabenmäßigen Überlastung der Projektleitung scheitern beziehungsweise länger dauern oder mehr kosten als geplant. Kimbas Vorgesetzter ist nicht begeistert, sieht aber schnell ein, dass die Alternative zur Bereitstellung einer Assistenz potenziell erheblich kostenintensiver und mit mehr Erklärungsaufwand gegenüber dem Top-Lion-Management verbunden ist. Er besteht jedoch darauf, dass Kimba den Rekrutierungsprozess selbst in die Hand nimmt, und definiert eine Gehaltsobergrenze für einen befristeten Vertrag. Kimba macht sich auf, eine zusätzliche Assistenz zu finden. Ihm fällt ein, dass er vor rund einem Jahr von jemandem eine Werbung für einen mutmaßlich sehr gut funktionierenden Rekrutierungsprozess bekommen hat. Er sucht im Internet und wird schnell fündig. Er bestellt das Paket, das Tipps, Leitfäden und Fragebögen beinhaltet. Prima, denkt sich Kimba: Das wird mir bestimmt Zeit sparen und die Erfolgswahrscheinlichkeit für die Einstellung eines geeigneten Löwen sicher erhöhen. Kimba setzt sich mit dem Arbeitsamt in Verbindung, weil er gehört hat, dass es durchaus viele Löwen gibt, die kurzzeitig arbeitslos, aber dennoch gut qualifiziert sind und meistens keine überhöhten Gehaltsforderungen stellen. Überrascht ist Kimba dann von der hohen Qualität der Beratung durch die Mitarbeiterin der Arbeitsagentur. Nachdem die Anforderungen durchgegeben wurden, setzt sich Kimba an das Einstellen von Textbausteinen in seinem LiMac, um später keine Zeit bei einzelnen Schritten zu verlieren – wissend, dass er alle Hände voll zu tun haben wird, um das Tagesgeschäft vor dem Projektstart so zu organisieren, dass er sich ausreichend auf das Projekt konzentrieren kann.

Mit der Rekrutierung geht es relativ schnell: Kimba erhält rund 20 Bewerbungen, mit etwa der Hälfte der Kandidaten führt er ein telefonisches Vorabgespräch. Daraufhin lädt er fünf Bewerber zum Gespräch ein. Beim vierten Kandidaten ist sich Kimba der Sache sicher, trifft diesen Bewerber aber dennoch ein zweites Mal. Beide werden sich handelseinig. Kimba sagt dem fünften Kandidaten ab. Da der neu Rekrutierte seit zwei Monaten einen Job sucht, kann er auch gleich am folgenden Montag starten.

Kimba entscheidet bewusst, welche Projektaufgaben bei ihm selbst bleiben und welche an seine neue Assistenz delegiert werden. Dies kommuniziert er auch deutlich. Hierbei kommen ihm nicht nur seine eigenen Erfahrungen, sondern auch die Tipps der beiden Key-Account-Profis zugute.

# 17

## Der lachende Löwe hat länger etwas zu lachen!

### Lono

Ab und zu ein Comic . . .

Lono und Kimba begegnen sich im Flur bei Tiger & Meyer. Kimba, gerade von einer Geschäftsreise nach Lamerika zurück, berichtet kurz über die Erfahrungen auf seiner Reise. Speziell das Thema Kontrolle und Qualitätssicherung interessiert Lono sehr. Er stellt viele Fragen und hört sehr interessiert zu. Als Kimba kurz auf das Thema unterhaltsame Präsentationen und Vorträge umschwenkt, winkt Lono resignierend ab. „Was gibt's denn hier schon zu lachen", kommentiert er, „Tiger & Meyer ist ein Dienstleistungsunternehmen und da sind Diskretion und Nüchternheit

© Springer Fachmedien Wiesbaden 2016
P. Buchenau und Z. Davis, *Die Löwen-Liga*, DOI 10.1007/978-3-658-12407-6_17

an der Tagesordnung. Für Unterhaltung ist hier kein Platz und was immer war, wird auch immer bleiben." Mit dieser Aussage lässt Lono Kimba stehen. Er muss weiter, er hat ja schließlich ein Projekt zu beenden.

Doch irgendwie wirkt das Gespräch den ganzen restlichen Tag für Lono nach. Wann hat er eigentlich das letzte Mal herzhaft gelacht? Früher war er Mr. Humor persönlich.

Am Abend sieht Lono im Fernsehen zufällig eine Dokumentation über das Thema Lachen. Dies erinnert ihn an viele Dinge, die er schon mal gehört hat: Er erinnert sich, dass junge Löwen im Durchschnitt etwa 400 Mal am Tag lachen – egal wo man sie sieht, beim Spielen, Kämpfen, Lernen oder auch Schlafen. Man hat das Gefühl, die Jungen lachen immer. Erwachsene Löwen lachen nur 17 Mal täglich. Dabei gibt es wirklich viele gute Gründe, weshalb ein Löwe lachen sollte. Und wenn er keinen guten Grund findet, kann er immer noch über sich selbst lachen. Die schwerste Turnübung ist ja, sich selbst auf den Arm zu nehmen. Lono hat gehört, dass Lachen kreativer macht. Warum nutzt er dies nicht? Gerade er, der auch Kreativität braucht, um Probleme zu lösen. Eine kürzlich veröffentlichte Studie der Universitäten Lionwestern und Löw-Drexel hat gezeigt, dass Lachen die Kreativität und somit die Problemlösungsfähigkeit massiv steigert. Wenn ein Löwe eine Aufgabe lösen soll, die kreatives Denken erfordert, findet er die Lösung besser und schneller, wenn er zumindest ein wenig amüsiert ist. Lustige Videoclips beispielsweise können also die Kreativität steigern. Zusätzlich entspannt Lachen nicht nur den Geist, sondern auch den ganzen Körper. Lachen trainiert die Zwerchfellmuskulatur, die Bauchmuskeln und die Schultermuskeln. Nach der Anspannung fällt es den Muskeln dann auch viel leichter, zu entspannen. Das ist progressive Muskelentspannung mal von einer ganz anderen Seite her betrachtet. Aber auch der wichtigste und mächtigste Muskel wird beim Lachen trainiert: Lachen bringt auch die Herzmuskulatur auf Touren! Ein herzliches Lachen trainiert das Herz etwa so wie ein paar Minuten

Spinning im Fitnessstudio. Dann doch lieber öfter mal herzhaft gelacht. Wenn Lachen schon gut für das Herz ist, dann sicher auch für die Adern und Venen. Das Endothel, eine Schicht der Blutgefäße, weitet sich aus, wenn der Löwe lacht, und so wird das Blut besser durch den Löwenkörper transportiert.

Auch wenn Lono es anfangs nicht zugeben will, das Gespräch mit Kimba und die Dokumentation haben ihn zum Nachdenken gebracht. Am nächsten Morgen sitzt er an seinem Schreibtisch über dem Projektplan, kann aber keinen klaren Gedanken für sein Projekt fassen. Immer wieder schießen ihm Situationen und Gedanken durch den Kopf, bei denen er früher herzhaft gelacht hat – aber mittlerweile fühlt er sich gehemmt, zu lachen. Es ist ihm nahezu peinlich. Lono erinnert sich an seine Jugend- und Studienzeit: die Partys, der Schabernack, den sie als junge Studienlöwen getrieben haben. Angefangen von Klingel- und Briefkastenstreichen bis zum Blödsinn in Schule und Uni. Auch wenn sie Gesellschaftsspiele gespielt haben, wie „Löwe ärgere dich nicht", kam der Spaß nie zu kurz. Damals hat das viele Lachen sehr positiv auf das Seelenleben gewirkt. Anscheinend kommunizieren die Nervenzellen untereinander mittels Molekülen, die man Neurotransmitter nennt, hat Lono in der Dokumentation erfahren. Viele neurologische Erkrankungen haben genau dort ihren Ursprung in einer Fehlfunktion dieser Vermittler. So meint Lono sich zu erinnern, gelesen zu haben, dass beispielsweise ein zu niedriger Serotoninspiegel Depressionen auslösen kann. Lachen hingegen fördert die Produktion von Serotonin. Somit hat häufiges Lachen auch in psychologischer Hinsicht eine sehr positive Auswirkung. Löwen, die viel lachen, wirken stärker und kompetenter und fürchten sich weniger vor sozialen Konflikten. Lachen ist das beste und vor allem auch kostengünstigste Antidepressivum. Ab sofort wird vermehrt gelacht, beschließt Lono. Auf der Heimfahrt fährt er wie immer an seinem Stammkiosk vorbei. Aber dieses Mal kauft er anstelle der täglichen Wirtschaftsnachrichten seit langem wieder einmal ein Comic-Heft. Das hat zwei Vorteile: Erstens hat er selbst jede Menge Spaß beim Lesen und zweitens werden sich seine Löwenkinder sicher auch über einen neuen Comic freuen. Obwohl Lono heute nicht besonders produktiv war, hat sich der Tag für ihn gelohnt.

## Kimba

Ein Bleistift verleiht Glücksgefühle!

Kimba kommt gerade aus Lamerika zurück. Dort durfte er im Rahmen eines seiner Projekte vier Wochen den Entwicklern vor Ort helfen und mit Rat und Tat zur Seite stehen. Das eigentliche Ziel des Aufenthalts war seitens Tiger & Meyer, dass Kimba die Produktion und Entwicklung überwacht und die Fehlerrate senkt. Kimba kam, zusätzlich zu einem angepassten Projektplan und einer verringerten Fehlerrate, noch mit zwei anderen positiven Auswirkungen zurück: Zum einen hat sich sein Englisch massiv verbessert. Zum anderen durfte Kimba bei vielen Präsentationen des amerikanischen Managements dabei sein. Seine wichtigste persönliche Erkenntnis war dabei, dass es nicht nur auf den Inhalt der Präsentation ankommt, sondern entscheidend auf die Form und Art der Wissensvermittlung. Und da ist speziell Lamerika dem Management in Löwenland voraus. Dort, so realisierte Kimba, wird viel mehr Show um eine Präsentation gemacht. Auftritt, Ausdruck und die Art zu präsentieren haben ihn begeistert. Einer der wichtigsten Unterschiede dabei ist die Integration von Humor in den Wirtschaftsalltag. Lachen und Späße werden viel mehr geschätzt und unterstützt.

In Lamerika hat Kimba auch erstmals etwas über Patch Löwadams erfahren, einen Arzt, der maßgeblich mitverantwortlich dafür war, dass Lachen als Medizin in Krankenhäusern eingeführt wurde. Als Kimba das Thema abends im Hotel ein wenig recherchierte, erfuhr er Interessantes: Beim Lachen schlägt das Herz in höherer Frequenz, wird besser durchblutet und somit verbessert sich der Sauerstofftransport. Dies wiederum kommt dem ganzen Blutkreislauf zugute. Der Blutdruck sinkt und normalisiert sich. Des Weiteren weiß man heute aus Studien, dass die Lunge durch das Lachen eine bessere Atmung hervorbringt. Somit wird mehr Kohlendioxyd (Schadstoff) abtransportiert, was wiederum die Infektionsgefahr senkt. Lachen stärkt also das Immunsystem. Was aber noch viel wichtiger ist: Lachen stimuliert den Parasympathikus, welcher bekanntlich der Gegenspieler des Sympathikus ist, der bei Stress den Adrenalinspiegel drastisch erhöht. Lachen wirkt entspannend, fördert die Verdauung und den Schlaf. Lachen ist somit uneingeschränkt gesund. So angetan von diesen neuen Erkenntnissen beschließt Kimba, in Zukunft mehr Humor und Unterhaltung in seine Vorträge und generell in seinen Arbeitsalltag einzubauen. Als er auf dem Gang kurz Lono trifft und ihm seine Erkenntnisse und Vorhaben zum Thema Lachen mitteilt, antwortet Lono nur kurz und mürrisch: „Das hat hier bei Tiger & Meyer noch niemand gemacht." Der Gedanke, etwas verändern zu können, den Lern- und Übermittlungseffekt während seiner Präsentationen zu erhöhen, bewegt Kimba. Er spürt, dass dies eine gute Idee ist. Er brennt richtig für diese Aufgabe, der positive Stress beflügelt ihn. Seine nächste Präsentation wird ganz anders ablaufen. Kimba muss es schaffen, gerade in stressigen Zeiten, in denen Löwen gar keinen sich aufdrängenden Grund haben zu lachen, dies dennoch zu tun beziehungsweise bei anderen auszulösen. Kimba glaubt, einen echten Schlüssel zur Erhöhung seiner Lebensqualität in seinem beruflichen Umfeld gefunden zu haben. Eine Studie von Dr. Berk-Lion, Professor an der Lion Linda Universität in Kalifornien, fällt ihm zufällig in die Hände. Berk-Lion untersuchte den Erfolg eines aufgesetzten, also künstlichen, Lächelns. Wie Berk-Lion berichtet, gibt es tatsächlich Hinweise, dass auch ein gezwungenes Lachen oder Lächeln schon einen positiven Effekt hat. In der betreffenden Studie wurden 22 Versuchslöwen gebeten, jeweils auf Kommando zu lachen, zu lächeln oder aber wie ein Wolf zu heulen. Jeweils vorher und nachher wurden die Probanden ausführlichen Befragungen und Tests unterzogen, um ihre jeweilige Gemütslage zu ermitteln. Das Ergebnis: Das Heulen veränderte die Stimmung nicht, das gezwungene Lachen und Lächeln jedoch verbesserten die Laune jeweils deutlich. Kimba recherchierte, dass sich bereits etwas Positives einstellt, wenn Löwen nur ihre Maulwinkel wie zu einem Lächeln nach oben bringen. Das hat die Psychologin Tara Lionkraft von der University of Tigansas gemeinsam mit Kollegen festgestellt. „Das Verziehen der Gesichtsmuskeln hat positive Auswirkungen – selbst wenn den Löwen-Probanden gar nicht bewusst ist, dass sie lächeln", erklärt die Forscherin. Um dies zu erreichen, ließ Kraft 169 Löwen Essstäbchen mit den Lippen festhalten, während sie unter Zeitdruck Aufgaben am Computer lösen mussten, also unter Stress. „Das Ergebnis zeigt, dass Lächeln auch dann unseren körperlichen Zustand beeinflusst, wenn wir gar nicht merken, dass wir lächeln", erklärt die Forscherin. Denn bei allen Löwen, die Essstäbchen gehalten hatten, blieb der Puls während der Stressaufgaben deutlich niedriger als bei Kontrolllöwen ohne Essstäbchen.

Dieses Forschungsergebnis beeinflusst Kimba dahingehend, dass künftig bei all seinen Präsentationen ein imaginärer Bleistift zwischen seinen Zähnen zu seinem Markenzeichen wird. Am Anfang belächelt, aber nach dem Erfolg nun auch ein Markenzeichen für Tiger & Meyer.

# 18

## Wenn du schaufelst, dann meistere die Schaufel!

### Lono

Lono beim Multitasking!

Nachdem nun auch in Lonos Bereich das neue ERP-System LAP eingeführt wurde, ist die Benutzeroberfläche deutlich anders als bisher. Aktuell hat Lono sehr viel mit Kollegen aus Lamerika zu

© Springer Fachmedien Wiesbaden 2016
P. Buchenau und Z. Davis, *Die Löwen-Liga*, DOI 10.1007/978-3-658-12407-6_18

tun. Durch die Zeitverschiebung läuft der Löwenanteil der Kommunikation über Lion-Mail.

Lono fragt sich, warum dieses neue System überhaupt eingeführt werden musste – und das fast ohne Vorwarnung. Mit dem Altsystem war er vertraut. Auf der neuen Oberfläche muss ich permanent suchen, schimpft Lono vor sich hin. Lono liegen die ganzen technischen Neuerungen schwer im Magen. Früher konnte man Dinge mal konzentriert abarbeiten. Heute poppt permanent eine Erinnerung oder eine neue Lion-Mail auf. Dann blinkt oder vibriert ständig das LiPhone. Ein Smart Phone, wie es neudeutsch heißt, macht sich Lono über die Technik lustig. Dumb Phone müsste man das Ding nennen – schließlich ist man mit den Geräten immer der Dumme, konstatiert Lono. Anfangs hat er sich noch über das neue Mobiltelefon gefreut – schick sieht es aus und wiegt nicht viel. Viel Zeit könne man damit sparen, wurde das Gerät angepriesen. So ein Blödsinn, denkt sich Lono. Seitdem ich das Ding habe, habe ich überhaupt keine Zeit mehr, urteilt er. Tatsächlich ist die Anzahl der Lion-Mails generell stark gestiegen. Auch die Zusammenarbeit mit Lamerika hat der Anzahl der Lion-Mails pro Tag nochmals einen deutlichen Schub nach oben verliehen. Zudem bekommt Lono bis in den späten Abend hinein noch Lion-Mails aus Lamerika auf seinem LiPhone zugestellt. Lono hat sich angewöhnt, auf diese spätabendlichen Nachrichten kurzfristig zu reagieren. So sitzt er oft bis in die tiefe Nacht hinein noch mit zwei Krallen auf seinem Smart Phone tippend daheim – sehr zum Leidwesen seiner Frau. Die Kollegen in Lamerika haben sich früher bemüht, Dinge am Vormittag lamerikanischer Zeit zu klären, damit diese noch innerhalb der regulären Arbeitszeit von Lono ankamen. Die Kollegen waren auch mal rücksichtsvoller, ärgert sich Lono. Heute ist es so, dass die Kollegen in Lamerika es gewöhnt sind, dass Lono auch am späten Abend noch kurzfristig auf Lion-Mails reagiert. Lono schaut permanent auf sein LiPhone – beim Essen, auf der Couch sitzend und teilweise sogar im Bett liegend. Seine Frau fragt sich manchmal, warum Lono sie und nicht sein anscheinend innig geliebtes Gerät geheiratet hat. Lono jedoch mag das Smart Phone überhaupt nicht, weil er durch das Gerät permanent das Gefühl hat, fremdgesteuert zu sein. Andererseits wird er sehr unruhig, wenn er ein paar Minuten nicht nachschaut, ob neue Nachrichten eingetroffen sind.

Nach einer – wieder mal – kurzen Nacht sitzt Lono an seinem Schreibtisch: Er hat wichtige Dinge zu tun, will auch mit einem großen Brocken starten, aber schon wieder kommen ein Anruf und zahlreiche Lion-Mails dazwischen. Letztere sind zunächst nur auf dem Computerbildschirm unten links als Briefumschlag und kurzzeitig durch ein kleines Vorschaufenster sichtbar. Lono kann der Versuchung nicht widerstehen, nachzuschauen, worum es sich bei den neuen, aufblinkenden Lion-Mails handelt. Kaum hat Lono zwei Lion-Mails abgearbeitet, kommt auch schon der nächste Anruf. Lono sieht die Nummer im Display und weiß, dass das Gespräch mit Kollege Laber einige Zeit in Anspruch nehmen wird. Ich bin Dienstleister, schießt es Lono pflichtbewusst durch den Kopf, als er den Hörer in die Hand nimmt. Kollege Leo Laber macht seinem Namen auch in diesem Gespräch wieder alle Ehre. Da der Kollege nicht auf den Punkt kommt und Lono nicht zu viel Zeit verlieren will, schreibt er während des Telefonats schon mal eine Lion-Mail, mit seiner linken Pfote. Multitasking muss man heutzutage halt beherrschen, denkt sich Lono und schickt die Nachricht ab. Nach dem etwas längeren Gespräch legt Lono auf. Der Hörer ist keine zehn Sekunden nur auf dem Computerbildschirm der Gabel, da klingelt es schon wieder. Dran ist der Kollege, dem er gerade eine Lion-Mail geschrieben hat. Dieser ist verwirrt, was denn Lono hatte zum Ausdruck bringen wollen. Lono kann die Situation klären, den besten Eindruck hat seine Aktion aber nicht gemacht.

Lono verspürt das Bedürfnis, sich zu erleichtern. Er stellt sich seitlich ans Lional und geht beinhebend seinem Geschäft nach. Dann klingelt sein LiPhone. Lono geht dran. Multitasking ist mal wieder angesagt, denkt er sich und versucht beide Geschäfte parallel hinzubekommen. Lono muss etwas zum Gespräch notieren, greift einen Block, klemmt diesen zwischen Schulter und Wand ein und macht mit seiner linken Pfote Notizen. Zwischenzeitlich ist er mit dem Flüssigkeitsteil seines zuerst begonnenen Prozesses fertig, aber immer noch nicht ganz eingepackt.

# Kimba

Kimba beim effizienten Singletasking!

Nachdem nun auch in Kimbas Bereich das neue ERP-System LAP eingeführt wurde, ist die Benutzeroberfläche deutlich anders als bisher. Aktuell hat Kimba sehr viel mit Kollegen aus Lamerika zu tun. Durch die Zeitverschiebung läuft der Löwenanteil der Kommunikation über Lion-Mail.

Die neue Oberfläche ist Kimba noch nicht ganz in Fleisch und Blut übergegangen, aber er hat sich schon im Vorfeld erkundigt, wie die für ihn wichtigsten Funktionen auszuführen sind. Nachdem er die Grundlogik des neuen Systems verstanden hat, findet er sich ganz gut zurecht. Kimba nimmt sich ein wenig Zeit, um zu prüfen, welche Tastenkürzel es gibt. Hierbei stellt er fest, dass diese überwiegend denjenigen des Altsystems entsprechen. Kimba ist ohnehin mittlerweile ein Meister der Tastatur: von Zehn-Zehen-Schreiben über die Funktionstasten bis hin zu eigenen Kürzeln und Textbausteinen. Im Unternehmen genießt Kimba schon den Ruf der Turbopfote. Kimba wundert sich hierüber: Er empfindet es als selbstverständlich, sich mit den Werkzeugen, die man täglich nutzt, zu beschäftigen und diese gut zu beherrschen. Wenn jemand Bagger fährt, kennt er das Fahrzeug doch auch in- und auswendig, zieht Kimba für sich selbst einen Vergleich.

Die Anzahl der Lion-Mails hat generell zugenommen. Kimba hat hierzu eine ganze Reihe von Strategien umgesetzt, um dieser Flut Herr zu werden: Zunächst hat er in seinem Posteingang Unterordner definiert. Dann hat er diverse Regeln eingeführt. Alle Nachrichten von bestimmten Absendern und Absenderkreisen landen in speziellen Unterordnern. So kann er alle Lion-Mails zu einem Thema am Stück abarbeiten. Dies kommt ihm besonders dann zugute, wenn er viele Lion-Mails auf einmal abzuarbeiten hat, beispielsweise nach einer ganztägigen Veranstaltung oder nach dem Urlaub. Kimba hat neulich in einer IT-Zeitschrift den Hinweis zu einer Aufräumfunktion gefunden. Dies ist sehr praktisch: Wenn man auf „Aufräumen" klickt, werden alle Lion-Mails mit redundanten Informationen gelöscht. Gerade bei Lion-Mails, die viele Male hin- und hergehen, ist dies ein Segen, da die überflüssigen Nachrichten sonst nur unnützen Ballast darstellen. Kimba hat auch eine Regel erstellt, die alles, was er nur „CC" erhält, in einen speziellen „CC-Ordner" wandern lässt. In diesen schaut Kimba wesentlich seltener hinein als in seine anderen Ordner. Manchmal schaut er zwei Tage nicht in seinen „CC-Ordner". Einmal rief ihn ein Kollege an und war nicht glücklich, dass er keine Antwort auf eine „CC-Lion-Mail" erhalten hat. Kimba hat ihm dann höflich erklärt, dass „CC" für solche Nachrichten vorgesehen ist, die lediglich zur Kenntnisnahme sind. Seither kategorisiert sein Kollege so, wie es eigentlich auch vorgesehen ist.

Kimba nervt auch die Vielzahl der Lion-Mails, die auf seinem Smart Phone landen. Speziell in seiner Freizeit stört es ihn. Kimba spricht mit seinem IT-Verantwortlichen und ist überrascht zu hören, dass es die Möglichkeit gibt, am LiPhone Filter einzusetzen. Kimba stellt ein, dass manche Nachrichten nicht an sein Mobilgerät weitergeleitet werden. Zudem stellt Kimba ein, dass er nach 19 Uhr keine Lion-Mails auf dem LiPhone mehr erhält. Er hat entschieden, nach 19 Uhr keine Lion-Mails mehr zu lesen oder zu beantworten. Hierbei gibt es aufgrund der aktuell intensiven Zusammenarbeit mit Lamerika und der Problematik der Zeitverschiebung eine Ausnahme: Mit den Kollegen in Lamerika hat er vereinbart, dass diese bei Angelegenheiten, die wirklich nicht bis zum nächsten Tag warten können, ein bestimmtes Stichwort in den Betreff schreiben. Hierfür hat Kimba eine Ausnahme definiert, die bis 22 Uhr greift. Wenn dieses Stichwort im Betreff steht, dann wird die Lion-Mail ans LiPhone weitergeleitet und Kimba kann reagieren. Kimba sieht die Technik als Fluch und Segen zugleich. Zu welchem Anteil die modernen Kommunikationsmittel einen Fluch und zu welchem Anteil sie einen Segen darstellen, ist jedoch auch stark davon abhängig, wie man damit umgeht. Ein Smart Phone braucht auch einen „Smart User", ist Kimbas Devise.

Kimba muss auf die Toilette – für große Katzen. Er nimmt auf dem stillen Ort Platz. Während er dort sitzt, hört er Schritte. Jemand ist offensichtlich zum Lional gegangen. Es ertönt ein Klingelzeichen. Der Kollege geht dran. Die Stimme kommt Kimba bekannt vor, er kann sie aber nicht sicher zuordnen. Als Kimba fertig ist und am Lional vorbeigeht, sieht er dort seinen alten Freund Lono in merkwürdiger Position: während des Telefonierens, an die Wand gelehnt Notizen machend – und das ohne eingepackt zu sein. Um Lono die Peinlichkeit zu ersparen, geht er unauffällig an ihm vorbei, ohne dass Lono wahrnehmen kann, dass es Kimba ist. Kimba schüttelt den Kopf. Er fragt sich bewusst: Wann will ich erreichbar sein, für wen und in welcher Form?

# 19
## Löwe, entspann dich!

## Lono

Lachyoga tut gut!

Inspiriert von Kimbas Lachmethoden meldet sich Lono zum Lachyoga bei einer Yogaschule an. Zwar war er anfangs skeptisch und total dagegen, aber ein kürzlich veröffentlichter Bericht zum Thema Lachen im Business hat ihm die Augen geöffnet. „Lachen ist gut fürs Geschäft – steigern Sie Ihre Gesundheit und Anerkennung", so die Überschrift. Zudem: Bewegung und Lachen kombiniert kann nicht schaden, denkt er sich. Etwas angespannt

© Springer Fachmedien Wiesbaden 2016
P. Buchenau und Z. Davis, *Die Löwen-Liga*, DOI 10.1007/978-3-658-12407-6_19

steht er, zusammen mit fünf anderen Löwen, zwei Pantern und einem Gepard, in der Gymnastikhalle der Yogaschule. Der Trainer Tiger-Lachmal, ein Trainer lindischer Herkunft, kommt leicht verspätet. Trotzdem wirkt er ruhig und gelassen. Er kommt direkt von einem Unternehmen, bei dem er eine Probestunde Lachyoga gegeben hat. Die anschließenden Fragen des Managements zur Wirkungsweise und Effektivität haben dann den zeitlichen Rahmen gesprengt. Nun geht es aber los. Tiger-Lachmal beginnt mit einem ersten absichtlichen Lächeln. Am Anfang tut sich die ganze Gruppe schwer und schaut zögerlich auf den Lachtrainer. Doch nach und nach fangen immer mehr Schüler an, zumindest zu grinsen. Lono merkt, dass sich einige seiner Mitschüler das Lachen abgewöhnt hatten und sich noch nicht ganz wohlfühlen. So auch er. Doch nach einer Weile können sich die meisten Teilnehmer nicht mehr halten und fangen an, laut zu lachen. Auch Lono lacht so stark, dass er sich mit den Vorderpfoten auf die Hinterbeine klopft. Zunehmend entwickelt sich die ganze Gruppe zu einem kollektiv-herzhaften Lachanfall.

Tiger-Lachmal gibt erste Erklärungen. „Lachyoga ist eine einfache körperorientierte Methode, ein Schauspiel, das durch anhaltendes, intensives und absichtliches Lachen einen gelösten und heiteren Zustand des Körpers und des Geistes erzeugt. Lachyoga trainiert den einfachen Zugang zu Heiterkeit und Humor. Im Beruf und Alltag trägt Lachyoga zu einer positiven und optimistischen Lebenseinstellung bei."

Das erste Mal hat es ja bereits geklappt, denkt sich Lono. Aber funktioniert das auch bei Stress? Mal sehen, was der Kursabend noch so bringt. Als Nächstes macht Tiger-Lachmal mit der Gruppe Dehnübungen. Er macht sich ganz lang und animiert Lono zum Mitmachen. Die Muskeln müssen alle warm und gedehnt sein, dann macht das Lachen noch mehr Spaß. Lono fühlt die Spannung seiner Muskeln. Au, au – wie lange hat er schon keinen Sport mehr gemacht, fragt er sich. Es wird wirklich Zeit, etwas zu tun, nimmt sich Lono vor. Weiter erklärt Tiger-Lachmal die Bedeutung der Atmung: „Nur wenn der Atem richtig fließt, folgt die Entspannung." Lono tut sich schwer, Bewegung und Atmung zu koordinieren – es ist doch schwieriger, als man meinen könnte.

„Lachyoga", so Tiger-Lachmal weiter, „entwickelt die persönliche Fähigkeit, sich selbst im Beruf wie auch im Alltag erheitern zu können. Es ist eine einfache und wirksame Methode, natürliche Kräfte zu mobilisieren und die positiven Wirkungen herzhaften Lachens an Körper und Seele zu erleben." Die Stunde vergeht und Lono merkt, wie sich manche Verspannungen in seinem Körper lösen. Vom immer wiederkehrenden herzhaften Lachen tut ihm zwischenzeitlich sein Zwerchfell weh. Lono hat Muskelkater vom Lachen. Zu Hause angekommen fühlt sich Lono auf der einen Seite zwar schmerzhaft angestrengt, auf der anderen Seite aber psychisch extrem wohl. So gut hat er sich geistig schon lange nicht mehr gefühlt. Er begrüßt Löwina mit einem Lächeln und gibt ihr einen Kuss auf die Wange. Löwina ist erstaunt, das hat Lono schon seit Monaten nicht mehr getan. Nach dem Abendessen setzt sich Lono auf das Sofa und blättert in einem Prospekt, den Tiger-Lachmal allen Teilnehmern mitgegeben hat. Hierin wird die Geschichte des Lachyogas erläutert.

Lachyoga in seiner heutigen Form wurde vom indischen Arzt Dr. Madan Kateria entwickelt. Kateria beobachtete den positiven Einfluss eines heiteren Gemüts auf den Heilungsprozess von Krankheiten bei seinen Patienten. Als er den Artikel „Lachen ist die beste Medizin" verfasste, stieß er auf eine Reihe wissenschaftlicher Studien, die die positive Wirkung des Lachens auf Körper und Geist belegten. Daraufhin gründete er 1995 den ersten offiziellen Lachclub. Ziel war es, einen Ort zu schaffen, wo Löwen und andere Katzengattungen regelmäßig und intensiv lachen konnten. Am Anfang fand der Lachclub kaum Anklang. Er begann Witze zu erzählen, die jedoch relativ schnell ihre Wirkung verloren. Eine andere Methode musste her. Daher überlegte er sich Lachübungen, die hauptsächlich auf Dehnung und Tiefenatmung des Yoga basieren, und entwickelte daraus das heutige

Lachyoga. Er selbst nennt es „Lachen ohne Grund". Mittlerweile ist der erste Sonntag im Mai Weltlachtag. Auch dieser wurde von Dr. Madan Kateria ins Leben gerufen. Über 8.000Lachclubs weltweit nehmen mittlerweile daran teil. Lono ist auf der Couch eingeschlafen. Pantera holt eine Steppdecke und deckt ihn liebevoll zu. Dennoch bleibt das Lachyoga ein einmaliges Erlebnis – dafür ist in Lonos Leben auf Dauer nicht genug Zeit. Aber in einer späteren Lebensphase will er es wieder aufgreifen.

# Kimba

Meditation für Fortgeschrittene!

Kimba merkt, dass er trotz Lachen, Bewegung, gesunden Essens und eines geordneten Zeitmanagements an seine Grenzen kommt. Er spürt die ersten Stressanzeichen. Da er bewusst seine vier Lebenssäulen lebt und diese auch nicht aufgeben will, ist ihm klar, dass er eine Entspannungstechnik erlernen muss. Die soll Stress vorbeugen und die Lebensqualität steigern. Er stöbert im Internet und findet heraus, dass Meditation gegen eine ganze Reihe von Gesundheitsproblemen helfen soll, so auch in akuten Stresssituationen. Kimba hat durchaus Stress: Auf der einen Seite muss er die vielen Anforderungen im Job meistern, auf der anderen Seite hat er aktuelle private Termine wie Geburtstage und andere Feiern. Zusätzlich hat er sehr viele Informationen zu verarbeiten: Telefonieren, Radio, Fernsehen, Zeitung, Lion-Mails – alles liefert Informationen an sein Gehirn. Meditation, so der Bericht im Internet, soll hier hervorragend der Reizüberflutung entgegenwirken. Kimba informiert sich. In fast jeder Religion finden sich meditative Elemente wieder. Sie kommen aus fernöstlichen Glaubensrichtungen, entweder aus dem Buddhismus, in dessen Mittelpunkt Erleuchtung und Weisheit stehen, oder dem Hinduismus. Hier ist Yoga eine besondere Art der Meditation. Aber auch das Christentum, das Judentum und der Islam greifen auf die Meditation zurück, um eine gewisse Verbundenheit mit Gott zu erlangen. Eine neuere Form der Meditation ist die in den 80er-Jahren von Jon Kabat-Löwzinn entwickelte MBSR-Meditation. Die Mindfulness-Based Stress Reduction (MBSR), übersetzt „Stressbewältigung durch Achtsamkeit", will den Löwen dazu bringen, Stress und Belastung zu akzeptieren statt sie zu bekämpfen. Der Meditierende wendet zwar traditionelle Techniken der Meditation an, diese stehen aber in der Regel nicht mehr in einem religiösen Kontext.

Da Kimba bereits gute Erfahrungen mit dem Achtsamkeitstraining in der Schweiz gemacht hat, meldet er sich ohne lange zu überlegen an der Löwenvolkshochschule zu dem MBSR-Training an. Dieses soll bereits in der folgenden Woche starten.

Eine Woche später findet sich Kimba in der Löwenvolkshochschule von Gepardshausen wieder. Es ist sein erster Meditationskurs. „Meditation", so erklärt die Kursleiterin Mediamona, „setzt vor dem Stress an. Ziel ist es nicht, den Stress zu bekämpfen, sondern den Stress erst gar nicht entstehen zu lassen." Persönliche Achtsamkeit macht das möglich und natürlich spielen Bewegung, Essen und Trinken hierbei auch wieder eine wichtige Rolle. Kimba und die anderen Teilnehmer sollen sich in der klassischen Meditationshaltung auf die Yogamatte setzen. Mediamona praktiziert es vor. Obwohl Kimba Sport treibt, merkt er, dass diese Haltung noch nicht zu seinen Lieblingshaltungen gehört. Becken und Hinterpfotenmuskeln dehnen sich und schmerzen. Mediamona beginnt, laut zu atmen. Eine regelmäßige und kontrollierte Atmung ist das wichtigste Element jeder Meditation. Kimba atmet tief ein und verfolgt seinen Atem bis tief in den Bauch hinein. Ein beruhigendes und entspannendes Gefühl. Mediamona erklärt zwischendurch, dass es hauptsächlich zwei Meditationsansätze gibt, um sich wie gewünscht auf das Hier und Jetzt zu konzentrieren. Einerseits, vor allem wenn die Gedanken ungeordnet durch den Kopf rasen, kann es helfen, wenn der Stressgeplagte sich einmal bewusst danebensetzt und sie sich einfach „anhört", ohne darauf zu reagieren. Bei dieser auch defokussierende Meditation genannten Methode nimmt der Meditierende den Gedankenwust und seine Gefühle wahr, ohne sie zu be- oder verurteilen. Er lässt die Gedanken einfach an sich vorbeiziehen.

In der zweiten Meditationsform geht es um das genaue Gegenteil: die Fokussierung. Der Meditierende soll den Fokus weg aus der Verstreuung nehmen, sich auf etwas anderes konzentrieren, etwa auf seine Atmung, ein Mantra oder auf einen Gegenstand. Wichtig für die fokussierende Meditation sei, dass der Übende sich auf eine Sache konzentriere, der er uneingeschränkte Beachtung schenke. Die Gedanken sollen immer bewusst dem Meditationsobjekt zugewendet werden.

Mediamona praktiziert beide Varianten und animiert die Teilnehmer zum Mitmachen. Bei Kimba funktioniert weder die eine noch die andere Variante auf Anhieb. Kimba erfährt, dass Meditation meist nicht beim ersten Mal funktioniert. Er wird unruhig und die Übungen erscheinen ihm langweilig. Sein Geist ist ein wenig wie ein wildes Tier, das erst gezähmt werden muss. Kimba versteht nun, dass nur durch regelmäßige Übung eine Entspannung erreicht werden kann. Erst nach vielen Übungen und einer gewissen Zeit wird die Entspannung einsetzen und sich dauerhaft positiv auf seinen Stresspegel auswirken. Aber Kimba entscheidet, diesen lohnenswerten Weg zu gehen. Er beschließt, täglich 20 min zu üben. Nach einigen Wochen bemerkt Kimba eine körperliche und mentale Beruhigung seines Geistes. Die Meditation wirkt Wunder, er ist wieder ruhiger und gelassener und nimmt seine Aufgaben wieder lockerer und konzentrierter wahr.

# 20

## Das Genie beherrscht die Ordnung!

### Lono

Das Neueste liegt oben!

© Springer Fachmedien Wiesbaden 2016
P. Buchenau und Z. Davis, *Die Löwen-Liga*, DOI 10.1007/978-3-658-12407-6_20

Für eine neue Produktreihe, die erfolgreich angelaufen ist, sollen diverse Marketingmaßnahmen umgesetzt werden. Für einen Teil davon ist Lono verantwortlich. Hierzu hat er eine Unmenge an Informationen – sowohl physisch als auch elektronisch – erhalten: Maßnahmenkataloge, Konzernrichtlinien für die Umsetzung, gesetzliche Rahmenbedingungen hierzu …

Lono sitzt an seinem Schreibtisch. Vor ihm türmen sich Berge mit diversen Unterlagen. Das Genie beherrscht das Chaos, denkt er sich. Ein Kollege kommt herein und bringt ihm weitere Unterlagen zur neuen Produktreihe. Lono nimmt die oberste Unterlage zur Hand, liest diese grob durch, wird aber von einer eintreffenden Lion-Mail unterbrochen. Das Vorschaufenster bei Lion-Mails ist schon praktisch, denkt sich Lono, da es einen ständig auf dem Laufenden hält und man somit nichts Wichtiges verpasst. Nachdem Lono die Antwort formuliert und abgeschickt hat, entsteht eine kurze Pause. Lono weiß gar nicht mehr, was er vorher getan hat. Er weiß nur noch, dass er aus irgendetwas herausgerissen wurde. Sein Kopf dröhnt schon von dem ganzen Stress. Seine Augen wandern über seinen Schreibtisch, dessen Fläche überwiegend mehr als pfotenhoch belegt ist. Als ihm die vor ein paar Minuten vorbeigebrachten Unterlagen ins Auge fallen, fällt ihm wieder ein, wo er stehengeblieben war. Entsprechend nimmt er sich die Unterlage noch einmal zur Hand, wiederholt einen Teil, liest noch ein wenig weiter und stellt fest, dass das Thema noch etwas Zeit hat. Er legt die Unterlage auf einen seiner Stapel mit unerledigten Dingen. Die nächste Unterlage schaut er sich ebenfalls mit einer Art „30-Prozent-Lesen" an und legt diese auf denselben Stapel wie die vorherigen Seiten. Alles ist geordnet, nach dem Prinzip „Das Neueste ist oben, das Älteste ist unten", redet sich Lono ein. Lono stürzt sich auf den dritten und letzten der vorbeigebrachten Stapel. Endlich mal ein sinnvoller Maßnahmenvorschlag, urteilt Lono, darum kümmere ich mich, wenn ich deutlich mehr Zeit habe als jetzt – und er legt die Unterlage auf

den bewährten Stapel, der zunehmend wackeligere Formen an-
nimmt.

Das Telefon klingelt: Ein Kollege braucht eine Auskunft. Lono
weiß, dass die entsprechende Unterlage auf seinem Schreibtisch
liegt, ist sich aber nicht ganz sicher, wo. Während er den Hörer
in einer Pfote hält, legt er Teile von Stapeln an andere Stellen, das
heißt auf andere Stapel, um die entsprechende Unterlage zu finden. Während der Kollege am anderen Ende der Leitung wartet
und Lono das Gesuchte nicht findet, wird er zunehmend un-
ruhiger und nervöser. Der Kollege, der die Schreibtischsituation
bei Lono kennt, reagiert gelassen und schlägt vor, dass Lono ihn
zurückruft, wenn er die Unterlage gefunden hat. Nach dem Auf-
legen sucht Lono weiter und findet die Unterlage auch relativ
schnell. Er ruft zurück, aber beim Kollegen ist besetzt. Da ohnehin wieder neue Lion-Mails eingetroffen sind, begibt sich Lono
an deren Bearbeitung. Dann ruft der Kollege zurück. Lono hat
die Unterlage ganz oben aufliegen und beantwortet die Fragen
des Kollegen.

Lono setzt sich an eine umzusetzende Maßnahme. Er muss
sich in die Materie, die nicht ganz einfach ist, tiefer einarbeiten.
Er hat große Schwierigkeiten, sich zu konzentrieren – einerseits
weil Schlafmangel bei ihm ein Dauerzustand ist, andererseits weil
sein Nacken ihn vom vielen Sitzen und Halten des Telefonhörers
schmerzt. Gerade die Nackenverspannungen machen ihm sehr zu
schaffen: Es ist nicht so, dass es intensiv schmerzt, aber es ist fort-
während spürbar, unangenehm und lenkt ab. Gerade hat er sich
trotz der Müdigkeit und der Verspannungen diszipliniert, sich zu
konzentrieren. Dann kommt jemand in sein Büro. Mit dem Kollegen hat er eigentlich nichts zu tun. Daher wundert sich Lono
über dessen Besuch. Sein Besucher stellt sich vor als Beauftragter
der Initiative SOS – das stehe für „Sicherheit, Ordnung, Sauberkeit". Na prima, denkt sich Lono, genau das brauche ich jetzt.
Was für einen Schwachsinn haben sich die da oben denn jetzt
schon wieder überlegt, schimpft Lono in sich hinein, während er

versucht, sich seine Emotionen nicht anmerken zu lassen. Er ärgert sich und hört gar nicht richtig hin, als der Kollege erklärt, was es mit der Initiative auf sich hat. So ein Schwachsinn, geht es Lono immer wieder wie ein Mantra durch den Kopf. Im Auftrag des Top-Managements sei er unterwegs, hört Lono nur. Wiederkommen werde der Kollege in ein paar Tagen und werde dann kontrollieren, ob sein Schreibtisch aufgeräumt sei und er die Sicherheitsrichtlinien im Kopf habe. So ein Wichtigtuer, denkt sich Lono gegen Ende des Vortrags des Kollegen. Soll er doch wiederkommen, baut sich Lono in drohender Haltung in Erwartung einer Konfrontation auf, als der Kollege durch die Tür wieder verschwindet. Schlimm genug, wenn zentrale Stellen, die einen entlasten sollen, abgebaut werden – aber einem dann von zentraler Seite auch noch Klötze zwischen die Pfoten zu werfen, findet Lono eine Frechheit und könnte ausflippen.

## Kimba

Sofort entscheiden nach der AAA-Formel!

Für eine neue Produktreihe, die erfolgreich angelaufen ist, sollen
diverse Marketingmaßnahmen umgesetzt werden. Für einen Teil
davon ist Kimba verantwortlich. Hierzu hat er eine Unmenge an
Informationen – sowohl physisch als auch elektronisch – erhalten:
Maßnahmenkataloge, Konzernrichtlinien für die Umsetzung, gesetzliche Rahmenbedingungen hierzu …

Ein Kollege, der eine Auskunft benötigt, ruft bei Kimba an.
Kimba nimmt das Telefonat an. Seine Kopfhörer, die er vor ein
paar Monaten bestellt hat, hat er ohnehin schon auf. Diese empfindet er als sehr angenehm. Er muss den Hörer nicht mehr ein-
klemmen und hat beide Pfoten für die Tastatur frei. Zudem ist
die Gesprächsqualität für beide Seiten höher, was ihm vor allem
zugutekommt, wenn es sprachliche Barrieren gibt oder es wichtig ist, Kleinigkeiten bei der Reaktion des Gesprächspartners zu
erfassen. Dem Kollegen kann Kimba auch gleich die gewünschte
Auskunft geben. Selten muss er länger als ein paar Sekunden nach
einer abgelegten Unterlage suchen. Kimba hat sich angewöhnt,
bei eintreffenden Informationen möglichst nur einmal Pfotenab-
drücke zu hinterlassen, also Unterlagen – egal ob diese physisch
oder elektronisch eintreffen – nur einmal in die Pfote zu nehmen. Geholfen hat ihm dabei die AAA-Formel. Diese steht für
drei Kategorien, in die so gut wie jede eintreffende Information eingeordnet werden kann: Das erste A steht für den Abfall,
also Dinge, die keine nennenswerte Relevanz besitzen. Das zweite A steht für eine Aktivität, die er in der Folge anzugehen hat.
Das dritte A steht für Dinge, die in die Ablage gehören. Kimba
versucht, jedes Mal sofort zu entscheiden. Dies gelingt ihm fast
immer. Nur selten gibt es einen guten Grund, die Entscheidung
aufzuschieben, beispielsweise wenn er glaubt, zu einem späteren
Zeitpunkt eine bessere Informationsgrundlage zu haben, und das
Thema auch wichtig ist.

Der Arbeitsplatz von Kimba ist sehr ordentlich gehalten. Nur
selten hat Kimba mehr als einen Stapel auf seinem Schreibtisch.
Ab und zu kommt es vor, ufert aber nicht aus. Man könnte bei

Kimba meinen, er sei ein Ordnungsfanatiker geworden. So sieht er es aber überhaupt nicht. Es geht ihm schlichtweg darum, die Suchzeiten zu minimieren und sich somit möglichst wenig mit einer solchen, nicht wertschöpfenden Tätigkeit aufzuhalten. Dafür ist ihm seine Zeit zu kostbar. Er weiß genau, dass ihn solche unproduktiven Tätigkeiten von wirklich wichtigen, wertschöpfenden Dingen abhalten und somit zu schlechteren Ergebnissen und längeren Arbeitszeiten führen. Das will er nicht: Bei allem beruflichen Ehrgeiz ist ihm manch ein Preis zu hoch. Kimba hat sehr früh festgestellt, dass zwei verschiedene Löwen oft mit vergleichbaren Situationen sehr unterschiedlich umgehen.

Kimba hat seinen Arbeitsplatz so organisiert, dass er die Dinge, die er oft braucht, in seinem unmittelbaren Zugriffsbereich hat. Kurze Wege, so lautet seine Devise für häufig Gebrauchtes – sowohl bei Locher, Stempel und Co. als auch bei bestimmten Dateien und Programmen. Bei Dingen, die selten gebraucht werden, darf die Distanz auch ruhig ein paar Dutzend Pfotenlängen betragen. Kimba hat festgestellt, dass die Fächer, die er vor Jahren bestellt hat, zwar nett und geordnet aussehen, aber bei ihm nicht gut funktionieren. Zwei Fächer benutzte er regelmäßig. Die anderen Fächer waren aber immer leer oder mit ein paar verstaubten Unterlagen gefüllt. Das kann es nicht sein, dachte sich Kimba vor ein paar Wochen. Als er durch Zufall im Sekretariat eines Top-Lion sah, dass die Sekretärin ein Bodenelement mit Hängeregistern neben sich hatte, fragte er, wo sie dieses herbekommen habe. Als er erfuhr, dass er es problemlos als Standardelement intern bestellen könne, entschied er sich hierfür. Seither kommt er hiermit sehr gut klar, unter anderem weil das nicht mehr benötigte Fächerelement wiederum weitere horizontale Fläche freigibt.

Kimba hat mitbekommen, dass es eine neue Initiative SOS gibt. Das stehe für „Sicherheit, Ordnung, Sauberkeit". Sicherheit ist wichtig, vor allem in der Produktion, aber bei ihm in der Verwaltung ist sich Kimba nicht ganz sicher, was er davon halten soll. Er liest sich die neuen Richtlinien durch. Manche Dinge

erscheinen sehr sinnvoll, andere Aspekte doch ein wenig über-
trieben. Zu den Themen Ordnung und Sauberkeit stimmt er den
Richtlinien überwiegend zu. Er hat gehört, dass ein SOS-Beauf-
tragter von Büro zu Büro geht und „Besichtigungen" vornimmt.
Um zu vermeiden, dass er bei wichtigen Aufgaben gestört oder
auf der falschen Pfote erwischt wird, vereinbart Kimba per Lion-
Mail einen Termin mit dem Kollegen. Der Kollege ist ganz zufrieden mit dem Arbeitsplatz von Kimba. Als der Kollege ankündigt,
noch einmal wegen der Sicherheitsrichtlinien wiederzukommen,
stellt Kimba ein paar Fragen. Nach einigen Minuten sagt der Kollege: „Ich merke, dass Sie sich mit dem Thema beschäftigt haben.
Mehr wollen wir gar nicht erreichen. Wir brauchen keinen zweiten Termin. Einen schönen Tag noch."

# 21

## Sei der Hammer, nicht der Nagel!

### Lono

Lono im Workaholismus!

Lono ist im wahrsten Sinne des Wortes ein Workaholic und er ist auch stolz darauf, es zu sein. Der Begriff Workaholic, zu Deutsch Arbeitssüchtiger, bezeichnet das Krankheitsbild eines arbeitssüch-

© Springer Fachmedien Wiesbaden 2016
P. Buchenau und Z. Davis, *Die Löwen-Liga*, DOI 10.1007/978-3-658-12407-6_21

tigen Löwen oder eine arbeitssüchtige Raubkatze selbst. Arbeitssucht ist eine stoffungebundene Sucht, bei der eine zwanghafte
Haltung zu Leistung und Arbeit entsteht. Für einen Arbeitssüch-
tigen haben Familie und soziale Kontakte kaum Bedeutung. Der
Arbeitssüchtige lebt für seine Arbeit. Bei der Arbeit steht zumeist
Qualität und Quantität, nicht jedoch die Bedeutung der zu erle-
digenden Arbeit im Vordergrund. Löwen mit einer perfektionisti-
schen Grundhaltung sind öfter betroffen. Wie jede Sucht ist auch
die Arbeitssucht nur schwer therapierbar. Wie beim Alkoholiker
besteht beim Workaholic – selbst nach einer langen Zeit der Ab-
stinenz – eine große Rückfallgefahr. In Lonos Augen schätzen seine Vorgesetzten und auch seine Mitarbeiter Lonos überaus hohe
Arbeitsleistung, seinen Fleiß und auch die ständige Erreichbarkeit
für das Unternehmen. So bekommt Lono oft nach Feierabend
oder auch am Wochenende Anrufe von Mitarbeitern und Vorgesetzten, die er gerne entgegennimmt, und auch regelmäßig Lion-
Mails, welche er in kürzester Zeit beantwortet. Lono ist ein ty-
pischer „Ja-Sager", der „Ja-ich-mach-es-Sager". Dazu ist ihm das
LiPhone ein guter Diener. Alle Lion-Mails kann er immer und
überall unmittelbar nach Eintreffen lesen und sofort entscheiden, ob er die Lion-Mail via Smart Phone beantwortet oder –
bei größeren Dateien – sich an seinen Rechner setzt und sie von
dort aus schnellstmöglich beantwortet. Seine Frau Löwina findet
dieses Verhalten gar nicht gut. So sehr wünscht sie sich und ihren Kindern einmal ein Wochenende, das frei ist von Lion-Mails
und geschäftlichen Telefonaten. Ein Wochenende nur im Sinne
der Familie, um auch gefühlsmäßig wieder näher an Lono her-
anzukommen. Oft hat sie Lono darauf angesprochen, einmal am
Wochenende ankommende Lion-Mails oder Telefonate zu ignorieren oder das mobile Gerät komplett auszuschalten, doch Lono
verweigert diesen Wunsch jedes Mal. Er könne das in seiner Funktion als Führungskraft nicht, erzählt er immer wieder. Er habe
sehr große Verantwortung und außerdem werde dies von ihm erwartet. Sie müsse auch an seine Karriere denken und wenn er über

das Wochenende nicht an sein LiPhone geht, dann könnte das negative Auswirkungen in der nächsten Beförderungsrunde haben. Fasst Löwina dann nach und bemerkt leise, andere Führungskräfte im Freundeskreis könnten das auch, kommt es zum Abblocken oder gar zum Streit. „Andere haben ja auch nicht die Verantwortung und arbeiten nicht in einer so schwierigen Branche wie ich", urteilt Lono. Um den Familienfrieden wiederherzustellen, verzichtet Löwina dann meist auf weitere Diskussionen. Gerade vor den Kindern muss das nicht ausdiskutiert werden. Wie letztes Wochenende, als die ganze Löwenbande bei Gepards zum Grillen eingeladen war. Was war das für ein schönes Grillfest. Tolles Wetter, lustige Tiere und eine gute Stimmung hatten sie. Bis Lono, wie so oft, eine Lion-Mail von einem reklamierenden Kunden bekam. Über zwei Stunden war Löwina danach alleine auf dem Grillfest. Sie musste jedem Teilnehmer sagen, dass ihr Lono eine wichtige Sache bearbeiten muss. Sie kam sich dabei recht alleine und verlassen vor. Als Lono nach zwei Stunden wieder erschien, waren viele Gäste schon gegangen. Denen, die noch da waren, erzählte Lono, wie wichtig und dringend diese Aktion war. Denn schließlich sei er ja Führungskraft und trage Verantwortung für sich, seine Frau und seine Familie, neben seinen Mitarbeitern natürlich. Er war auf der Jagd nach Anerkennung, doch meist erntete er nur ein Kopfschütteln der anderen Tiere. Man muss auch mal „Nein" sagen können. Das soll, darf und muss eine Führungskraft auch können, dachte sich manch ein anderer Gast, der auch Führungsverantwortung hat. Einer dieser Gäste hatte, da er dieses Muster bei Lono schon öfters gesehen hatte, ein wenig mit Löwina gesprochen, während Lono weg war: Lono solle sich nicht immer zum Werkzeug anderer Löwen machen lassen. Er solle an eine ausgeglichene Work-Life-Balance denken, andere Tiere täten das auch. Er brauche auch mal eine Auszeit. Eine Zeit, in der Lono sich geistig und körperlich erholen könne. Arbeiten ja, hart arbeiten auch ja, aber nicht auf Kosten der Gesundheit. Hammer oder Nagel zu sein, die Wahl liege bei ihm. Lono sei aus heutiger

Sicht eher der Nagel, der getrieben wird und sich dann wundert, warum er Kopfschmerzen bekommt.

## Kimba

Ein gutes Buch tut gut!

Kimba ist trotz der hohen Arbeitsbelastung kein Workaholic. Er ist auch stolz darauf, genügend Zeit für seine Familie zu haben. In seinen Augen schätzen seine Vorgesetzten und auch seine Mitarbeiter seine überaus hohe Arbeitsleistung, seinen Fleiß und auch eine vernünftige Erreichbarkeit für das Unternehmen. Dies beinhaltet aber auch, dass Kimba zu regelmäßigen Zeiten sein Mobiltelefon abschaltet. Ab 19 Uhr ist er über das normale Firmentelefon nicht mehr erreichbar. Nur Müller-Wechselhaft und seine Assistentin haben eine Art Geheim- und Notfallnummer, unter der Kimba in dringenden und wichtigen Fällen erreichbar ist. Die Betonung liegt auf dringend *und* wichtig. Denn ist eine Tätigkeit dringend, aber nicht wichtig, kann sie delegiert werden. Ist eine

Aufgabe wichtig, aber nicht dringend, so kann diese Tätigkeit auf einen späteren Zeitpunkt verschoben werden. Kimbas Assistentin managt das sehr gut. Kimba hat ihr die Befugnis gegeben, bestimmte Entscheidungen eigenständig zu treffen. Und sie, sie fühlt sich wohl und motiviert bei dieser Aufgabe und spürt vor allem, dass Kimba ihr vertraut.

So vereint Kimba Führungs- und Stresskompetenz, zwei entscheidende Erfolgsfaktoren. Das Thema ist ihm besonders wichtig, denn er weiß als guter Löwe, dass körperliche Fitness und Denkfähigkeit ebenso zusammengehören wie arbeitsfreie Zeit und Arbeitszeit. Gerade in Lamerika, so hat er in einem Bericht der Wertekommission gelesen, scheint ein Umbruch bei den Nachwuchsführungskräften stattzufinden. Wurden lange Zeit Macht, Erfolg und Geld als wichtigste Werte bei den Nachwuchsführungskräften angesehen, so wurden diese Werte erst vor kurzem durch die Werte Freizeit und Familie an der Spitze der Wertehierarchie abgelöst. Nachwuchskräfte entscheiden sich überwiegend nicht mehr aufgrund des Gehaltes für einen Arbeitgeber. Sie wählen den Arbeitgeber, der ihnen und ihrer Familie eine ausgewogene Lebensbalance ermöglicht. Dazu hat Kimba gerade neulich in einem Buchladen das Performerbuch von Löwenau & Katzmann entdeckt. Diese beiden Autoren haben mit dem Performer ein Kunstwort geschaffen. „Arbeitest du noch oder performst du schon?", so das Motto der beiden Autoren. Performen bedeutet Leistungssteigerung unter Beibehaltung der Gesundheit. So steht als Beispiel der Anfangsbuchstabe „P" beim Performer für das Wort „purpose", also Sinn oder Sinnhaftigkeit. Kimba hatte auch einmal das Glück, bei Tiger & Meyer einen unterhaltsamen Vortrag zum Thema Performance-Steigerung mitzuerleben. Die grundlegende Frage, die sich Kimba danach immer wieder stellte, lautet: Macht es Sinn, diese Arbeit oder Aufgabe in dieser Weise durchzuführen? Und vor allem: Macht es überhaupt Sinn, diese Aufgabe durchzuführen?

Seitdem Kimba die Anweisungen von Müller-Wechselhaft, aber auch von seinen anderen Kollegen kritisch und gezielt hinterfragt, hat sich seine Arbeitszeit massiv verkürzt. Er hat mehr arbeitsfreie Zeit gewonnen und somit mehr Zeit für seine Frau und seine Kinder Lion und King. Kimba arbeitet effektiver als früher – und ist auch im Vergleich zu fast allen Kollegen eine Schnauzenlänge voraus. Kimba erledigt mehr Aufgaben in kürzerer Zeit und hat hierdurch ein ausgeglicheneres Leben. Seitdem Kimba nach der Performer-Methode lebt und arbeitet, hat sich sein Leben deutlich verbessert. Klar, es erfordert Disziplin, aber ist das nicht überall im Leben so? Disziplin hat Kimba bereits von seinem Löwen-Daddy in die Wiege gelegt bekommen. Sein Löwenvater vermittelte ihm stets, dass man es mit Fleiß, Ehrlichkeit und Disziplin sehr weit bringen kann. Oft muss Kimba heute noch an den alten Löwenherrn denken. Wie wahr doch seine Worte waren. Wenn sein Vater nun aus dem Löwenhimmel auf seinen Sohn herunterblickt, kann er sicher ganz stolz auf seinen Löwensohn sein. Kimba ist mit Sicherheit kein Überlöwe, auch er hat Fehler und Schwächen und natürlich hat auch Kimba einen starken Gegner: seinen eigenen inneren Schweinehund. Der Hund ist manchmal wirklich stur, dickköpfig und uneinsichtig. Immer wieder versucht er, Kimba vom richtigen Weg abzubringen. Mittlerweile aber haben Kimba und sein Schweinehund sich im Leben doch ganz gut arrangiert. Und zum Glück hat Kimba eine starke Mitstreiterin, seine Löwin Pantera, die ihm zur Seite steht. Auch hier gab es Höhen und Tiefen, aber sie halten zusammen und unterstützen sich gegenseitig. Beide haben über die Jahre gelernt, bewusst gesund und ausgeglichen zu leben und zu arbeiten. Hammer oder Nagel, bei Kimba und Pantera ist die Lage klar: Sie haben sich beide für den Hammer entschieden.

# 22

## Beherrsche die Kunst der Vorab-Information!

### Lono

Lono hat Meetingitis!

Eine Führungskraft in der Nachbarabteilung ist von einem Tag auf den anderen aus dem Unternehmen ausgeschieden. Man habe sich im beiderseitigen Einvernehmen getrennt, hieß es offiziell. Was genau passiert ist, scheint keiner zu wissen. Die Mitarbeiter, die bisher dieser Führungskraft zugeordnet waren, sind auf andere

© Springer Fachmedien Wiesbaden 2016
P. Buchenau und Z. Davis, *Die Löwen-Liga*, DOI 10.1007/978-3-658-12407-6_22

Abteilungen aufgeteilt worden. Lono hat hierdurch die disziplinarische Verantwortung für drei weitere Mitarbeiter sowie ein paar repräsentative Funktionen erhalten.

Die neuen Mitarbeiter wollen wissen, wie Lono tickt und was er von ihnen erwartet. Lono hat eigentlich keine Zeit, sich mit jedem einzeln zusammenzusetzen, macht es aber dennoch, weil dies schließlich von einer guten Führungskraft erwartet wird. In den Gesprächen geht es primär um Fachliches. An den fachlichen Aufgaben hängen aber auch unerwartet viele Regelbesprechungstermine, Ad-hoc-Meetings und Lenkungsausschüsse dran. Na prima, denkt sich Lono, da habe ich mir ja nochmal zusätzliche Arbeit eingefangen. Am nächsten Tag kommt einer der neuen Mitarbeiter in Lonos Büro und fragt, ob Lono eine Minute Zeit habe. Lono weiß, dass es nicht bei einer Minute bleiben wird. Man müsste jetzt die harte Methode auspacken und sagen, dass die Zeit bereits laufe, denkt sich Lono. Aber das kann man einem neuen Mitarbeiter gegenüber nun auch nicht bringen, hält er sich selbst zurück. Im Gespräch kommen beide vom Hölzchen aufs Stöckchen. Die Anwesenheit zieht sich, da beide keine besonders produktive Gesprächsführung an den Tag legen. Irgendwie ist es für Lono, der gar nicht weiß, wo er mit seinen ganzen Aufgaben anfangen soll, in gewisser Weise auch ein Entfliehen aus der schwierigen Situation. Fünf Minuten vor dem Beginn eines Meetings kommen die beiden zum Ende. Lono hetzt sich ab, um rechtzeitig zum Meeting zu kommen. Im Meeting angekommen, wirft Lono einen Blick auf die Agenda. Vorher hatte er keine Chance, sich die Agenda anzuschauen und sich vorzubereiten – eigentlich wie immer. Aber zumindest hat man ja meistens noch ein paar Minuten, bis alle da sind, sofern man nicht der Letzte ist, resümiert Lono. Auch sind die ersten Minuten meistens allgemeines Vorgeplänkel und somit noch eine Möglichkeit, die Agenda-Punkte anzuschauen. Nach dem Meeting muss Lono auch schon wieder los, weil das nächste Meeting wartet. Nach dem Meeting ist vor dem Meeting, nimmt es Lono mit sportlicher Devise. So geht es oft den ganzen Tag und manchmal die ganze Woche.

Wenn Lono seinen Kalender betrachtet, dann ist dieser randvoll mit festen Terminen: interne Meetings, Meetings mit Kunden und Lieferanten sowie neuerdings zunehmend Einladungen zu Abendveranstaltungen. Der geringe Anteil der Zeit, die Lono nicht im Meeting sitzt, wird von Lion-Mails, Rückrufen und persönlich vorbeikommenden Kollegen aufgefressen. Ab etwa 17 Uhr wird es dann langsam ruhiger. Dann ist Lono in der Regel aber noch mit Abarbeiten im Reaktionsmodus beschäftigt. An strategisch wichtige Aufgaben oder schlichtweg selbst vorgenommene Aufgaben ist gar nicht zu denken. An Abenden, an denen Lono zu einer Veranstaltung eingeladen ist, ist er meistens mit dem Abarbeiten der dringendsten Dinge gerade fertig, wenn er zur Veranstaltung losmuss, um dort einigermaßen pünktlich zu sein. Es gibt Wochen, in denen Lono zu mehr als einer Pfote voll Veranstaltungen eingeladen wird, teilweise für denselben Abend doppelt: vom Verein über diverse Netzwerktreffen bis hin zu festlichen Veranstaltungen zu verschiedenen Anlässen. Seine Frau ist früher zu manchen festlichen Veranstaltungen mitgegangen. Das macht sie aber schon länger nicht mehr. Sie kommt sich dort fehl am Platz vor. Lono ist permanent mit irgendjemandem im Gespräch, sie muss immer bestimmte Erwartungen erfüllen und fühlt sich beobachtet. Also geht Lono immer alleine auf die vielen Veranstaltungen. Flagge muss man schließlich zeigen, Nine-to-five-Jobs gibt es nicht mehr und Kontakte sind wichtig, begründet Lono sein Handeln. Das Absagen solcher Termine kommt nur infrage, wenn zwei Termine am selben Abend stattfinden. Aber selbst dann versucht Lono oft, bei beiden Veranstaltungen wenigstens einen Teil der Zeit anwesend zu sein und sich blicken zu lassen. Nach solchen Abenden ist Lono besonders k.o. und muss sich oft mit letzter Kraft nach Hause schleppen. Häufig ist er beim Autofahren so müde, dass er kämpfen muss, um nicht einzuschlafen. Eiskaltes Lola Zero ist dann seine Strategie. Wenn er schließlich zu Hause ankommt, sind nicht nur die Löwenkinder, sondern oft auch seine Frau schon im Bett. Meistens schaut Lono dann noch ein wenig fern, um abzuschalten, und schläft hierbei früher oder später ein. Meistens, aber nicht immer, schleppt er sich irgendwann in der Nacht ins Bett. Am nächsten Morgen beginnt das Spiel von vorne.

# Kimba

Kimba nutzt die Vorab-Information!

Eine Führungskraft in der Nachbarabteilung ist von einem Tag auf den anderen aus dem Unternehmen ausgeschieden. Man habe sich im beiderseitigen Einvernehmen getrennt, hieß es offiziell. Was genau passiert ist, scheint keiner zu wissen. Die Mitarbeiter, die bisher dieser Führungskraft zugeordnet waren, sind auf andere Abteilungen aufgeteilt worden. Kimba hat hierdurch die disziplinarische Verantwortung für drei weitere Mitarbeiter sowie ein paar repräsentative Funktionen erhalten.

Kimba ist klar, dass die neuen Mitarbeiter erst einmal wissen wollen, was er von ihnen erwartet. Er lädt die drei zum Mittagessen ein, um sie in einer einigermaßen ungezwungenen Atmosphäre kennenzulernen. Dabei hört Kimba viel zu und versucht, die Bedürfnisse der Mitarbeiter zu verstehen. Er fragt auch nach ihren Gründen für den Einstieg in das Unternehmen und nach der jeweiligen familiären Situation. Kimba erzählt auch ein wenig von sich und seinen Löwenkindern. Er vermeidet in diesem Gespräch zu tiefgehende sachliche Themen. Stattdessen spricht er über die löwische und kommunikative Seite der Zusammenarbeit. Er sagt den drei neuen Mitarbeitern, dass er nicht jede Meeting-Einladung annehmen kann, dass er natürlich ein offenes Ohr und meistens auch eine offene Tür hat, aber nicht immer verfügbar ist. Das können die Neuen auch gut nachvollziehen. Der Erfahrenste von den dreien schlägt vor, dass die meisten Meeting-Termine nur von einem von den dreien wahrgenommen werden. Er verstehe ohnehin bei vielen Meetings nicht, weshalb immer das Management dabei sein müsse, wenn es um Themen gehe, die das Management fachlich nicht wirklich beurteilen kann. Eigentlich wollte Kimba gar nicht so intensiv über die Zusammenarbeit sprechen, sondern einfach allen die Gelegenheit geben, sich gegenseitig zu beschnuppern. Aber es wird ein richtig gutes, zielgerichtetes Gespräch aus dem Treffen zum Mittagessen. Man legt gemeinsam fest, bei welchen Themen die Anwesenheit von Kimba erforderlich ist. Zudem wird vereinbart, dass in den Meetings auf Ergebnis- statt Verlaufsprotokollen bestanden wird und nur diejenigen Punkte an Kimba weitergeleitet werden, die seine Mithilfe oder Entscheidung benötigen. Den drei neuen Mitarbeitern gefällt diese neue Freiheit. Kimba betont, dass er sich zwar gerne heraushält, aber natürlich gute Ergebnisse erwartet. Bei ihm gelte zudem das Prinzip des Vertrauens – so lange, wie es nicht missbraucht werde. Um dies zu verdeutlichen, erzählt Kimba von einem langjährigen Mitarbeiter, mit dem dies sehr gut funktioniert. Er schildert aber auch eine Negativerfahrung, die er mit einem Mitarbeiter an einer langen Leine gemacht hat und bei dem er die Zügel deutlich anziehen musste.

Nachdem Kimba die ersten zwei Abendveranstaltungen besucht hat, fragt er sich, wie wichtig solche Präsenzen wirklich sind. Beim nächsten Mal nimmt er den jüngsten der drei neuen Mitarbeiter mit. Dieser hat sichtlich Freude an der Veranstaltung, unterhält sich angeregt, aber manierlich. Mit einer jungen Löwendame scheint er sich besonders gut zu verstehen. Da der junge Mitarbeiter Single ist und Freude an solchen Veranstaltungen zu haben scheint, fragt Kimba ihn, ob er öfters an seine Stelle treten möchte. Der Mitarbeiter fühlt sich geehrt, gefragt worden zu sein, und bejaht die Frage fast schon euphorisch. Bingo, denkt sich Kimba – zwei Fliegen mit einer Klappe geschlagen. Schließlich ist er damit einen wesentlichen Anteil der Abendveranstaltungen los und der junge Löwenkerl ist glücklich damit.

Am nächsten Morgen sitzt Kimba über einer wichtigen Aufgabe, als ein Mitarbeiter hereinkommt. Dieser fragt, ob Kimba eine Minute Zeit habe. Kimba antwortet: „Ich habe eine Minute, auch fünf bis zehn Minuten, muss aber in zehn Minuten in ein Meeting. Schaffen wir es in der Zeit oder sollen wir einen anderen Termin ausmachen?" Der Mitarbeiter antwortet, dass dies kein Problem sei und er sich kurzfassen werde. Entsprechend zielorientiert verläuft das Gespräch.

Danach hat Kimba noch einige Minuten Zeit für die Agenda für das gleich startende Meeting. Zu einem Punkt will er ein paar Fakten zur Pfote haben und macht eine schnelle Recherche bei Loogle. Im Meetingraum angekommen hat Kimba die Befürchtung, dass das Meeting zeitlich ausufern wird. Die für Kimba wichtigsten Punkte sind ohnehin eher am Anfang und in der Mitte angesiedelt. Also entscheidet Kimba, die kommunikative Strategie der „Vorab-Information" anzuwenden. Er bedankt sich für die Einladung und warnt vor, dass er um 15 Uhr ziemlich pünktlich wegmüsse, weil er noch einen anderen Termin habe. Um 15:02 Uhr verschwindet Kimba aus dem noch andauernden Meeting zu einem Termin mit sich selbst. Diese Zeit hatte er sich reserviert, um ein sehr wichtiges Thema zur erfolgreichsten Produktreihe voranzutreiben. Kimba macht die Tür zu, hängt ein Schild an die Tür, dass er nur für Notfälle erreichbar ist, leitet das Telefon um und macht sein Lion-Mail-Programm aus. Er erledigt das Thema, arbeitet danach ein paar Lion-Mails ab und geht zufrieden in den Feierabend.

# 23

# Installiere „weg-Weiser" für dich und andere Löwen

## Lono

Lono „überall und nirgendwo"!

In der aufstrebenden Region Lindien soll ein neues, erheblich größeres Werk eröffnet werden. Für das Lion-Management ist klar, dass Lono die Federführung bei der Werkseröffnung übernehmen soll. Hierzu ist angedacht, dass er ungefähr drei Monate in Lindien vor Ort verbringt. In drei Monaten soll es losgehen.

© Springer Fachmedien Wiesbaden 2016
P. Buchenau und Z. Davis, *Die Löwen-Liga*, DOI 10.1007/978-3-658-12407-6_23

Lono steckt tief im Tagesgeschäft und in ein paar Projekten, bei denen er stark involviert ist. Ab und zu denkt er hierbei an die Abreise nach Lindien. So eine Gelegenheit, ein Werk im Ausland zu eröffnen, darf man sich nicht entgehen lassen. Das bringt Sichtbarkeit im Konzern und ist ein Highlight für den Lebenslauf, denkt sich Lono. Sorgen macht es ihm allerdings auch. Er fühlt sich ohnehin völlig überlastet. Wie soll er bei einem Pensum, das schon jetzt zu hoch ist und ihn an den Rand der Erschöpfung bringt, noch drei Monate ganz woanders verbringen, fragt sich Lono. Ebenso ist es ihm ein Rätsel, wie das Tagesgeschäft in dieser Zeit funktionieren soll, wenn er fulltime auf einem anderen Kontinent ist. Wer soll sich um die ganzen Prozesse kümmern, die nur ich beherrsche, fragt sich Lono weiter. Allein der Gedanke an das parallele Managen auf beiden Kontinenten treibt ihm schon den Angstschweiß in die Mähne.

Zwei Tage später bekommt Lono eine Einladung zu einer Videokonferenz zur Abstimmung diverser Prozesse im Zusammenhang mit der Werkseröffnung. Der Termin soll in der folgenden Woche sein, lasiatische Kollegen werden dabei sein und die Videokonferenz soll den ganzen Tag dauern. Lono gerät in leichte Panik, da er an diesem Tag schon zwei wichtige Termine hat – einer davon zu einem Thema, das man eigentlich nicht mehr aufschieben kann. Ihm bleibt aber nichts anderes übrig als die Nachteile in Kauf zu nehmen und beides zu verschieben, um den wichtigen Termin zum neuen Thema wahrnehmen zu können.

Lono sitzt mal wieder im Meeting. Nach einer halben Stunde klingelt sein LiPhone per Vibrationsalarm schon zum dritten Mal. Jedes Mal geht Lono dran und sagt im Flüsterton, dass er gerade im Meeting ist. Der dritte Löwe ist hartnäckig, weil das Problem dringend ist. Nur Lono kann es lösen. Lono löst das Problem dann auch innerhalb von 20 min und kehrt ins Meeting zurück. Im Meeting kann er sich kaum konzentrieren, weil er sich ständig ausmalt, dass es drei Monate, wahrscheinlich länger, so gehen wird – vermutlich in verschärfter Form. In der verbleibenden Zeit bis zur Abreise nimmt Lono nur die Pflichttermine zur Werkseröffnung wahr. Er verdrängt das Werksthema und somit den zeitlichen Konflikt so weit wie möglich und denkt sich: Dann muss ich vor Ort zur Not halt improvisieren.

Es ist ein Samstag, der Abreisetag. Lono hat seine Familie in den letzten Monaten kaum gesehen. Die Zeiten, in denen seine Frau Verständnis für seine Arbeitsbelastung hatte, sind schon lange vorbei. Sie versucht die Situation daheim zu meistern, aber im Grunde leben Lono und seine Familie weitestgehend getrennte Leben. Lonos Familie bringt ihn zum Flughafen. Das letzte Mal, dass man – so wie heute – einen halben Tag miteinander verbracht hat, ist schon lange her. Lono verabschiedet sich von seiner Familie und verschwindet in den Sicherheitsbereich.

Nach einem langen Flug kommt Lono in Lindien an. Vom Flughafen geht es direkt in den Verwaltungsbereich des bisherigen Werks. Lono ist todmüde. Ein Fall für eine Extraportion Koffein, denkt er sich und schüttet im Laufe des Tages literweise Lola Zero in sich hinein. So richtig wirkt es aber nicht – er hat sehr mit dem Jetlag zu kämpfen. Gedanklich ist Lono zudem oft bei seinen Aufgaben und Mitarbeitern in der Heimat. Die Müdigkeit und die Zerrissenheit machen es ihm fast unmöglich, sich zu konzentrieren.

Am nächsten Tag muss sich Lono um diverse Themen in der Heimat kümmern. Es sind ein paar Brände zu löschen. In den Meetings zur Werkseröffnung kann Lono nur wenig mitreden, weil er sich kaum mit der Materie beschäftigt hat. Das werden die Einheimischen schon machen, hatte er sich immer herausgeredet. Nun erwartet man zu einigen Themen Entscheidungen von Lono. Schließlich trägt er die Verantwortung. Lono hört sich die Themen an, versucht sicherer zu wirken, als er ist. Er trifft Entscheidungen, die er selbst nicht logisch begründen kann.

Die Zerrissenheit, das hohe Stressniveau und das „tun als ob man Ahnung hat" gehen über Wochen so weiter. Schließlich ist der große Tag gekommen, an dem die Produktion anlaufen soll.

Es kommt, wie es kommen musste: Grundlegende Dinge laufen schief, schon jetzt ist klar, dass man einen kapitalen Fehlstart hingelegt hat. Lono wird zum Telefonat mit LEO Rick Löwenherz zitiert. Ihm werden Fragen gestellt, die sehr unangenehme Wahrheiten ans Licht bringen, nämlich dass Lono unverantwortlich gehandelt hat. Lono wehrt sich zwar, kann aber seinem obersten Cheflöwen nichts vormachen. Lono wird ausgetauscht und zurück nach Hause beordert. Auf dem Rückflug ist Lono zwar übermüdet, kann aber nicht schlafen. Wie ein Mantra gehen ihm Fragen durch den Kopf: Werde ich gefeuert? Was bringt die Zukunft?

## Kimba

Kimba hat mit „weg" alles im Griff!

In der aufstrebenden Region Lina soll ein neues, weiteres, erheblich größeres Werk eröffnet werden. Für das Lion-Management ist klar, dass Kimba die Federführung bei der Werkseröffnung übernehmen soll. Hierzu ist angedacht, dass er ungefähr drei Monate in Lina vor Ort verbringt. In zwei Monaten soll es losgehen.

Kimba weiß, dass es eine enorme Herausforderung werden wird, sowohl der Arbeit in der Heimat als auch der Werkseröffnung in Lina gerecht zu werden. Er setzt sich das Ziel, in zwei Monaten mit seinem Tagesgeschäft so weit zu sein, dass er – optimistisch gedacht – nur noch im Ausnahmefall gebraucht wird. Dann hat man noch einen Monat bis zur Abreise, um zu sehen, an welchen Stellen dieses Ziel noch nicht Realität ist. Kimba bespricht sich mit seinem Stellvertreter. Beide sind sich schnell einig, dass die Vertretungsregelung in der Abteilung zwar vorhanden und eine gute Grundlage ist, aber noch einmal überarbeitet werden muss. Diese Aufgabe übernimmt Kimbas Vertreter. Kimba bespricht noch ein weiteres Thema mit seinem Stellvertreter: den „wie es geht"-Ordner. Hierbei geht es darum, alle wesentlichen Geschäftsprozesse so zu dokumentieren, dass diese auch von einem anderen Löwen durchgeführt werden könnten. Beide besprechen, welche Dinge von einzelnen Mitarbeitern dokumentiert werden können und welche Themen bei Kimba und seinem Stellvertreter bleiben sollen. Beiden wird klar, dass ein Löwenanteil des Anlegens von „wie es geht"-Beschreibungen durch Kimba und seinen Stellvertreter durchgeführt werden muss. Dieses Thema muss in den nächsten Wochen absolute Priorität haben, sind sich beide einig.

Kimba nutzt die tägliche Pendelzeit in der Bahn, um an „wie es geht", das er nur noch kurz „weg" nennt, zu arbeiten. Tatsächlich gelingt es ihm in mühsamer Arbeit, sehr viele Dinge, die sonst bei ihm lagen, niederzuschreiben. Eines Tages kommt ein Mitarbeiter in sein Büro und möchte ein Thema besprechen. Hierzu hat er acht Fragen. Kimba entgegnet, dass er noch etwas abzuarbeiten habe und man sich in 20 min treffen solle. In der Zwischenzeit möge der Mitarbeiter sich die „weg"-Beschreibung hierzu anschauen. Der Kollege kommt wie vereinbart nach 20 min wieder und hat nur noch zwei Fragen. Diese beantwortet

Kimba geduldig und bittet den Mitarbeiter darum, sie in „weg" zu ergänzen. Kimba und sein Stellvertreter sind schon jetzt erstaunt, wie viel weniger Nachfragen sie erhalten. Den meisten Mitarbeitern gefällt es auch, selbst nachschauen zu können.

Kimba überträgt seinem Stellvertreter, der durch „weg" an Freiraum gewonnen hat, einige weitere Aufgaben. Dieser ist an manchen Stellen überrascht über die übertragene Kompetenz. Kimba spricht ihm sein Vertrauen aus, grenzt aber auch klar die Themen ab, bei denen er involviert sein will. Kimba hat nun nach rund sechs Wochen sein Arbeitspensum auf etwa die Hälfte reduzieren können. Das hätte ich schon früher machen sollen, denkt sich Kimba schmunzelnd. Eigentlich gar nicht so schwer, überlegt er. Kimba sitzt nun ganz entspannt in den Videokonferenzen zur Werkseröffnung. Er ist konzentriert bei der Sache und stellt viele Fragen. Kimba will die wesentlichen Dinge gründlich verstehen und nimmt aktiv Einfluss.

Nach einem Marathon-Meeting kommt Kimba nach Hause. Seine Frau macht den Vorschlag, kurz nach der Halbzeit von Kimbas Aufenthalt in Lina mit den Kindern nachzureisen. Kimba ist begeistert. Beide setzen sich an ihre jeweiligen LiMacs. Kimba bestellt ein Buch über Lina. Seine Frau findet einen Crashkurs zu „interkultureller Löwenkompetenz Lina", den beide gemeinsam besuchen.

Der große Tag der Abreise ist gekommen. Die ganze Familie fährt zum Flughafen. Nach einer emotionalen Verabschiedung fliegt Kimba ab. Angekommen in Lina, wird er vom Leiter des bisherigen Werks abgeholt. Kimba hatte darum gebeten, den ersten Tag ruhig angehen zu können. Beide gehen essen und sprechen mehr über Land und Leute als über das neue Werk. Am Abend geht Kimba eine ganz lockere und kurze Runde joggen. Wenig später fällt er müde, aber mit einer Grundzufriedenheit ins Bett.

Die nächsten Wochen sind ein anspruchsvoller Mix aus den „Tücken im Detail" zur Werkseröffnung und zu einigen Themen aus der Heimat, die sein Stellvertreter nicht lösen kann. Kimba arbeitet viel, nimmt sich aber auch ein wenig Zeit, um die Löwen vor Ort kennenzulernen, Sport zu treiben und – das ist ihm wichtig – jeden Tag wenigstens kurz mit den Löwenkinder zu lypen.

Wie geplant kommt seine Familie nach. Der große Tag der Eröffnung rückt näher. Viel Zeit für die Familie bleibt unter der Woche nicht, aber wenigstens hat man die Wochenenden gemeinsam. Die Werkseröffnung wird feierlich zelebriert, Kimbas Familie erlebt den öffentlichen Teil mit. In den ersten Tagen gibt es im Werk ein paar Kinderkrankheiten, aber das Wesentliche ist glattgelaufen. Nach ein paar Tagen fliegt Kimba mit seiner Familie in die Heimat zurück. Kimba wird zum LEO Rick Löwenherz zitiert und erntet viel Anerkennung.

# 24

## Wenn du einen Profi brauchst, dann hol ihn dir!

### Lonoteil

Fremde Hilfe? Nein danke!

Trotz des Misserfolgs in Lindien bekommt Lono eine weitere Chance bei Tiger & Meyer. Sein hoher Arbeitseinsatz in den letzten Jahren, den ihm niemand absprechen kann, rettet seine Löwenhaut. Tiger & Meyer hält sehr viel von Loyalität. Das Wissen zu verlieren, welches Lono in den letzten Jahren angesammelt hat, wäre ein größerer Verlust für das Unternehmen. Außerdem macht jeder Löwe Fehler. Irgendwo gab es einmal eine Studie,

© Springer Fachmedien Wiesbaden 2016
P. Buchenau und Z. Davis, *Die Löwen-Liga*, DOI 10.1007/978-3-658-12407-6_24

in der belegt wurde, dass jeder Löwe alle 19 min einen Fehler
begeht.

Allerdings haben die vielen Projekte, die langen Arbeitstage
und die vielen Überstunden deutliche Spuren an Lonos Gesundheit hinterlassen. Ein- bis zweimal pro Jahr etwas wie Lachyoga
für die Gesundheit zu tun, ist einfach zu wenig. Zu stark war
der Druck in den letzten Monaten und Jahren, seine Projekte mit
115-prozentiger Präzision zu beenden. Lono ist ein zu großer Perfektionist, vor allem wenn es um Arbeit, Leistung und Anerkennung im beruflichen Umfeld geht. Lono hat stark zugenommen.
Obwohl Falten bei übergewichtigen Löwen eher weniger sichtbar
sind, hat er vermehrt Stressfalten bekommen. Seine Haut ist rau
und fahl. Sein Körper hat in der letzten Zeit zu wenig Sonne gesehen. Lono wirkt wieder leicht aggressiv und auch etwas depressiv.
Wenn irgendwo in der Firma oder bei einem Projekt etwas nicht
funktioniert, gibt er sich selbst die Schuld. Er sieht sich zunehmend als Verursacher und oft gar als Versager. Er zweifelt immer
mehr an sich. Sein Chef Müller-Wechselhaft und auch der Personalchef Personalöwnix haben das veränderte Verhalten von Lono
registriert. Personalöwnix sucht mit Lono ein klärendes Gespräch.
Wie aber bei Stresssituationen oder auch in den Anfangsstadi-
en eines Burnouts üblich, verneint Lono energisch die Situation
einer Überbelastung. Aus seiner Sicht ist alles in Ordnung, die Ergebnisse – bis auf die Werkseröffnung in Lindien – stimmen doch
und außerdem sei er ja nicht krank. Der Personalchef weiß aber,
dass gerade im Anfangsstadium von Burnout diese Gegenreakti-
on der Betroffenen massiv auftritt. Man kann nur einen Burnout
bekommen, also ausgebrannt sein, wenn man gebrannt hat. Aus-
brennen ohne gebrannt zu haben funktioniert nicht und wer gibt
schon gerne zu, dass ihm die Aufgaben über den Kopf gewachsen
sind und er es nicht mehr schafft? Und Lono hat gebrannt, er war
und ist nach wie vor Feuer und Flamme für die Firma.

Dank der langjährigen Coaching-Erfahrung gelingt es dem
Personalchef aber, Lono davon zu überzeugen, dass er professio-

nelle Hilfe in Anspruch nehmen soll. Auf den Einspruch von Lono, er werde nicht zum Seelenklempner gehen, da er nicht verrückt sei, empfiehlt Personalöwnix ihm, es zuerst mit einem Burnout-Coach oder Burnout-Präventionsberater zu versuchen. Diese Maßnahme kann man ohne Probleme in der Firma als Coaching und Weiterbildungsmaßnahme deklarieren. So verliert Lono unter keinen Umständen sein Gesicht. Auch sichert ihm der Personalchef absolute Diskretion zu. Unter diesen Umständen ist Lono letztlich bereit, Hilfe von außen anzunehmen. Personalöwnix gibt Lono die Namen und Adressen von zwei Burnout-Präventionscoaches, mit denen Tiger & Meyer bereits gute Erfahrungen gemacht hat. Personalöwnix nimmt das Thema Burnout sehr ernst. Seit einem halben Jahr gehört er einer Taskforce von Personalmanagern verschiedener Firmen an, welche es sich zur Aufgabe gemacht hat, Maßnahmen gegen den starken Anstieg von psychischen Erkrankungen am Arbeitsplatz zu entwickeln. Gerade letzte Woche ist eine von einer Rentenversicherung in Auftrag gegebene Studie veröffentlicht worden: In Löwenland haben letztes Jahr 41 % aller Löwen und Katzen, welche aus dem Berufsleben ausgeschieden sind, aufgrund von psychischen Erkrankungen Erwerbsminderungsrente beantragt.

Lono nimmt innerlich sichtlich erleichtert die Hilfe an. Unmittelbar nach dem Gespräch greift er zum Telefon und ruft den ersten Burnout-Berater an. Sechs Monate Wartezeit, solange kann Lono nicht warten. Er braucht jetzt Hilfe und nicht erst in sechs Monaten. Er ruft den zweiten Burnout-Experten an. Eigentlich gibt es bei diesem auch eine längere Wartezeit. Aber er nimmt Lono dennoch kurzfristig auf, weil Tiger & Meyer ein guter Kunde ist. Der Burnout-Coach ist sogar ganz in der Nähe von Lonos Wohnort ansässig. Da ein anderer Klient gerade einen Termin abgesagt hat, bekommt Lono diesen – gleich am nächsten Morgen um 9 Uhr. Lono sieht auf seine Agenda, da hat er Projektbesprechung, das geht nicht. Lono versucht mit dem Coach zu verhandeln und den Termin zu verschieben. Der Coach hört sich am Telefon Lonos Geschichte an und kontert: „Schwimmen ohne nass zu werden funktioniert nicht. Entweder Sie benötigen Hilfe oder nicht." Diese harten, aber klaren Worte zeigen Wirkung. Lono weiß, dass er Hilfe braucht und dass es zu jedem anderen Zeitpunkt auch ungünstig wäre. Er stimmt dem Beratungstermin zu.

Langsam, aber sicher findet Lono über die nächsten Wochen und Monate in sein Leben zurück. Viele Dinge wird er nie wieder so weit kommen lassen – das hat er sich geschworen.

# Kimba

Geschafft! Ich bin gut!

Aufgrund des Erfolgs in Lina bekommt Kimba eine weitere Chance bei Tiger & Meyer. Man bietet ihm ein „Zukunftsthema" an. Damit würdigt die Geschäftsleitung Kimbas Anstrengungen während der vergangenen Jahre. Zunächst aber hat Kimba noch zum Projektabschluss den „Lessons Learned"-Prozess von Tiger & Meyer zu begleiten. Letztlich geht es um ein Meeting und das Ableiten von Verbesserungsstrategien. Hierbei ist wichtig, niemanden bloßzustellen, sondern mögliche Fehlerquellen aus der Vergangenheit aufzuzeigen, zu dokumentieren und zu verbessern. Das Ganze ist Teil eines Qualitätsmanagementsystems. Man möchte den gleichen Fehler oder Missstand ja künftig nicht noch einmal auftreten lassen.

Nun wartet eine neue Aufgabe auf Kimba. Müller-Wechselhaft stellt ihm die Aufgabe vor und Kimba ist überrascht. „Tiger & Meyer", so Müller-Wechselhaft, „wird im nächsten Jahr seine Strategie zunehmend in Richtung gesundheitsfördernder Produkte ausrichten." Das bedeutet konkret, dass das Thema Gesundheit zunächst intern wirklich gelebt und in die Führungskompetenz integriert werden soll. „Um unseren Kunden dieses Produkt aber anbieten zu können, sei es beratend oder umsetzend, muss es von Tiger & Meyer erst selbst umgesetzt werden", fährt Müller-Wechselhaft fort. Nur so sei es möglich, authentisch gegenüber Kunden aufzutreten. Kimba soll dieses interne Projekt leiten sowie direkt an LEO Rick Löwenherz berichten und erhält ein umfangreiches Budget hierfür. „Ich wünsche Ihnen viel Erfolg bei dieser Aufgabe", sagt Müller-Wechselhaft. Kimba freut sich aus mehreren Gründen: Es ist ein Thema, das er für sehr wichtig hält und selbst vorlebt. Zudem wird er wenig reisen müssen, weil es ein internes Projekt ist. Da es in diesem neuen Bereich keine alten Strukturen gibt, wird er einige Spielregeln selbst definieren können. Es wird wohl auch wesentlich leichter werden, eine gute Work-Life-Balance hinzubekommen. Kimba ist nur insofern ein wenig reserviert, als er keine wirkliche Ausbildung zu diesem Thema hat. Abends berichtet er Pantera von der neuen Aufgabe. Sie küsst ihn zärtlich auf die Schnauze und sagt: „Mein starker Löwe, das ist doch genau das, was du immer wolltest. Darüber hast du so oft geredet." „Nun ja", meint Kimba, „aber mir fehlen dazu die passenden Kenntnisse." „Dann hole dir doch diese Kompetenz", antwortet Pantera. Das beruhigt Kimba.

Ihm fällt ein, dass Pantera von einer Freundin erfahren hat, dass in deren Unternehmen gerade neulich ein betriebliches Gesundheitsmanagement eingeführt worden ist. Es ist zwar eine andere Branche, aber vielleicht kann der Berater, welcher das betriebliche Gesundheitsmanagement dort eingeführt hat, auch ihm helfen? Pantera gibt Kimba die Telefonnummer der Freundin. Von dieser erhält Kimba die Kontaktdaten des Beraters. Kurzerhand ruft er am nächsten Morgen bei dem Berater an. „Löwenweg" heißt die Firma. Ein komischer Name, denkt sich Kimba. Hoffen wir, dass die mir bei meinem Projekt auf den richtigen Weg helfen, scherzt er. Über eine Stunde telefoniert Kimba mit dem Geschäftsführer der Firma. Dieser erklärt ihm, dass sich „Löwenweg" bereits seit 1997 ganz intensiv mit diesem Thema beschäftigt und somit eines der ersten Beratungsunternehmen ist, welche den Bereich Führung und Gesundheit als zusammenhängende Erfolgsfaktoren für Löwen und Unternehmen betrachten. Kimba hat vor einiger Zeit ein Buch zum Thema Führung gelesen: Wenn man Bundesliga spielen will, muss man auch einen Bundesligatrainer haben. Und will man an der Spitze in der Liga mitwirken, braucht man einen Trainer oder Coach, der Erfahrung an der Spitze hat. Hier scheint einer mit dieser Erfahrung zu sein. Kostengünstig ist er bestimmt nicht. Nach einiger Zeit Verhandlung sind sich Kimba und der Geschäftsführer einig. Kimba hatte ohnehin bereits ein entsprechendes Budget durch LEO Löwenherz persönlich genehmigt bekommen. Kurz darauf bittet Kimba um einen Termin bei Müller-Wechselhaft. Er möchte mit ihm über das Honorar des Beraters reden. Kimba ist nicht sicher, wie Müller-Wechselhaft reagieren wird, und befürchtet, dass er jemanden fordern wird, der günstiger ist. Müller-

Wechselhaft steht auf und geht ans Buchregal. Es scheint, als ob er ein bestimmtes Buch sucht. Nach kurzem Suchen zieht er eine Zitatensammlung aus dem Regal, blättert kurz darin und liest dann laut vor:

„Es gibt kaum etwas auf dieser Welt, das nicht irgendjemand ein wenig schlechter machen oder etwas billiger verkaufen könnte. Das Gesetz der Wirtschaft verbietet es, für wenig Geld viel Wert zu erhalten. Nehmen Sie das niedrigste Angebot an, müssen Sie für das Risiko, das Sie eingehen, etwas hinzurechnen. Und wenn Sie das tun, dann haben Sie auch genug Geld, um etwas Besseres zu bezahlen." John Lionkin (1819–1900).

Damit schließt Müller-Wechselhaft das Buch und auch die Sitzung. Kimba hat erreicht, was er wollte: einen guten Ratgeber zur Einführung des betrieblichen Gesundheitsmanagements bei Tiger & Meyer. Kimba freut sich hierüber. Der Stellenwert des Themas ist aus seiner Sicht sehr hoch. Er stürzt sich mit viel Vorfreude in dieses neue Abenteuer.

Kimba und Lono arbeiten noch viele Jahre bei Tiger & Meyer. Lono bekommt in Sachen Burnout-Vermeidung gerade noch die Kurve. Immer wieder ist er am Limit, lernt aber zunehmend die Signale seines Körpers und seines Geistes zu deuten und gegenzusteuern. Für Kimba ist es phasenweise auch nicht einfach, allen Anforderungen gerecht zu werden. Aber er ist insgesamt sehr zufrieden mit seinen verschiedenen Lebensbereichen und sehr dankbar für die Dinge, die er in seinem Leben hat.

# 25

# Nachwort und Ausblick

Nach dem Buch ist vor dem Buch. Wie sie im letzten Kapitel erfahren durften, arbeiten Kimba und Lono noch eine ganze Zeit
lang bei Tiger & Meyer. Das natürlich mit mehr oder weniger
gutem Erfolg und auch mit unterschiedlichen Auswirkungen auf
die beiden Löwen selbst. Und somit ergeben sich weitere Arbeits-
weltabenteuer. Lassen Sie sich von weiteren Geschichten mit Lono, Kimba, xxx, xxx, überraschen. Es ist wie im richtigen Leben.
Sie haben einen Job, ein Projekt oder eine Aufgabe beendet und
werden sich neue Herausforderungen suchen. Sie möchten sich
weiter entwickeln. Sie möchten mehr und mehr Ihre Fähigkeiten
und Stärken entdecken. Wenn Sie wie Kimba und Lono Glück
haben, unterstützt Sie dabei vielleicht ein interner oder externer
Coach oder Mentor. Business, verehrte Leser, is always moving
on.

Moderne und erfolgreiche Firmen wie Tiger & Meyer haben
zwischenzeitlich erkannt, dass der Arbeitnehmer, in diesem Fall
also Kimba und Lono, das wichtigste Kapital im Kampf um
Wettbewerbsvorteile, in Unternehmen ist. Die Wirtschaft redet
von Fachkräftemangel und dass es immer schwerer wird geeigne-
tes Personal zu finden. Bei Tiger & Meyers fängt dieser Prozess
sehr früh an. Vor Fachkräftemangel steht in diesem Unternehmen
Fach- und Führungskräftesicherung an oberster Stelle.

So ist in einer Studie der Wertekommission in Zusammenarbeit mit dem Deutschen Managerverband schon im Jahr 2012 zu
lesen, dass sich gerade bei Nachwuchsführungs- und Fachkräften
in der Altersgruppe unter 35 Jahren, ein Wertewandel vollzogen

© Springer Fachmedien Wiesbaden 2016
P. Buchenau und Z. Davis, *Die Löwen-Liga*, DOI 10.1007/978-3-658-12407-6_25

hat. Lagen vor gut 10 Jahren noch Werte wie Macht, Hierarchie und Geld an der Spitze der für junge Manager und Managerinnen, so sind es heute die Werte Freizeit, Familie und soziale Absicherung.

So wird das Bedürfnis, die Vereinbarkeit von Familie und Beruf, immer mehr und mehr zum zentralen Entscheidungskriterium für Arbeitnehmer auf Jobsuche. Beispielhaft sei hier erwähnt, dass viele Unternehmen einen Betriebskindergarten anbieten, manchmal sogar einen Kinderhort anbietet. In diesem Fall profitieren beide Parteien. Einerseits das Elternpaar, da der Sprössling gut versorgt und schnell erreichbar in unmittelbarer Nähe der Arbeitsstelle untergebracht ist. Anderseits das Unternehmen, da die Fehlzeiten der Eltern verringert und Bindung zum Unternehmen erhöht wird. Das Ergebnis spiegelt sich daher in einer höheren Produktivität wieder. Wenn ein Elternpaar heute ein Kind im Betriebskindergarten hat, kann das Unternehmen mit höherer Wahrscheinlichkeit davon ausgehen, dass das Elternpaar mindestens bis zum Zeitpunkt der Einschulung des Kindes dem Unternehmen zur Verfügung steht.

Fachkräftemangel zu entgegnen fängt also mit der Fachkräftesicherung an. Einige Ansätze, welche Möglichkeiten Sie als Arbeitnehmer in Unternehmen haben, hat die Löwenliga aufgezeigt. Hier haben Sie die Wahlmöglichkeit: Auf der einen Seite können Sie die „Ich-warte-mal-ab" Position von Lono einnehmen und hoffen, dass das Unternehmen die Missstände selbst entdeckt und beseitigt. Dies habe ich (Peter Buchenau) in meinen knapp 40 Jahren Berufserfahrung nur sehr selten erlebt. Alternativ können Sie die „Ich-packs-an" Variante von Kimba einnehmen. Gewiss, leicht ist es nicht, immer zu kämpfen, zu fordern und ab und an auch gegen Windmühlen anzutreten, aber es lohnt sich. Oder wollen Sie sich irgendwann von Ihren Kollegen, Lebenspartnern, Kinder und Freunden anhören wollen, du hast es doch gar nicht mal probiert. Ich wiederhole mich; „Business is always moving on" und „changing".

Nichts verehrte Leser ist so Beständig wie der Wandel. Die Veränderung ist die einzige Konstante in unserem Leben. So haben auch wir in der zweiten Auflage der Löwenliga nicht nur den Inhalt leicht verändert, in Form einer zusätzlichen Geschichte, wir haben auch das Format geändert. Das Buchformat ist nun kleiner und handlicher und somit ein praktischer Begleiter für Geschäftsreisende im Zug oder auch im Flugzeug. Eine weitere Veränderung wird Laufend in Form neuer Themen und Situationen in neuen Büchern der Löwen-Liga-Reihe umgesetzt.

Wir möchten Ihnen daher Mut machen, Kimba und Lono beispielsweise in Führungsrollen oder Vertriebspositionen zu erleben. Auch falls Sie es in Betracht ziehen sollten, als eigener Unternehmer in die Selbstständigkeit zu gehen, auch dazu gibt es eine Löwengeschichte. Und wenn Sie wissen wollen, warum Stolz erfolgreich macht, Bewegung Sie nach vorne bringt oder auch warum es sinnvoll ist über gute Taten zu berichten, auch dann sollten Sie sich auf die nächsten Abenteuer mit Kimba und Lono freuen.

Und sollten Sie sich berufen fühlen, als Autor an der Erfolgsgeschichte unserer Löwen mitzuschreiben, dann nehmen Sie gerne Kontakt auf.

# Echte Personen, deren Namen abgewandelt wurden

Peter Löwenau ist Peter Buchenau

Zach Löwis ist Zach Davis

Viktor Löwankl ist Viktor Frankl

Patch Löwadams ist Patch Adams

Tara Lionkraft ist Tara Kraft

Dr. Madan Kateria ist Dr. Madan Kataria

Walt Löwney ist Walt Disney

Roy Oliver Löwney ist Roy Oliver Disney

Jon Kabat-Löwzinn ist Jon Kabat-Zinn

John Lionkin ist John Ruskin

Dr. Lee Berk-Lion ist Dr. Lee Berk

Alexander Katzmann ist Alexander Hofmann

Dr. Lion-Lopez-Jimenez ist Dr. Francisco Lopez-Jimenez

© Springer Fachmedien Wiesbaden 2016
P. Buchenau und Z. Davis, *Die Löwen-Liga*, DOI 10.1007/978-3-658-12407-6

# Ratgeber, Redner, Kabarettist

Peter Buchenau ist seit über 25 Jahren als Ratgeber, Redner und Interimsmanager auf dem internationalen Markt tätig. Seinen Focus legt er auf den Erfolgsfaktor Mensch. Er hinterlässt bei und für seine Kunden nachhaltige Spuren. Für Unternehmen wird es immer wichtiger auf die Ressource Mensch zu achten. Demografischer Wandel, zu wenig gute nachkommende Führungs- und Fachkräfte, Globalisierung, steter Druck sich am Markt zu beweisen, aufgefressen werden in den Prozessen der internen Administration, machen immer mehr und mehr Unternehmen handlungsunfähig. Da spielt die Ressource Mensch eine große Rolle. Motivierte Menschen leisten mehr, sind produktiver und effektiver. Gesundheit, Motivation und Anerkennung werden zum Wirtschaftsfaktor in Unternehmen und somit zur Chefsache. Peter Buchenau hält einen Lehrauftrag an der Hochschule Karlsruhe und ist Referent an mehreren Hochschulen

2011 gründete er des Burnout-Zentrums e. V. – des Fachverbands für Stressbewältigung und Burnout-Prävention. Es ist Repräsentant des Deutschen Managerverbandes und Mitglied im Beirat der Wirtschaft. Als waschechter Löwe ist er natürlich Gründungsmitglied im Lions Club Bielefeld Benefiz Bund und zeigt dort sein soziales Engagement. Nebenbei steht er noch als Kabarettist auf der Bühne.

Weitere Informationen unter www.peterbuchenau.de

Peter Buchenau

**Die Veröffentlichungen**

1 – Die Löwen-Liga: Stolz schafft Erfolg

2 – Die Löwen-Liga: Verkaufen will gelernt sein

3 – Die Löwen-Liga: Der Weg in die Selbstständigkeit

4 – Die Löwen-Liga: Wirkungsvoll führen

5 – Der Anti-Stress-Trainer: 10 humorvolle Soforttipps für mehr Gelassenheit

6 – Die Performer-Methode: Gesunde Leistungssteigerung durch ganzheitliche Führung

7 – Nein gewinnt: Warum JA-Sager verlieren

8 – Burnout: Von Betroffenen lernen

9 – Nur wer wagt, gewinnt: Bessere Entscheidungen durch Risikointelligenz

10 – Chefsache Gesundheit: Der Führungsratgeber für das 21. Jahrhundert

11 – Chefsache Gesundheit II: Der Führungsratgeber für das 21. Jahrhundert

12 – Chefsache Betriebskita: Betriebskindertagesstätten als unternehmerischer Erfolgsfaktor

13 – Chefsache Prävention I: Wie Prävention zum unternehmerischen Erfolgsfaktor wird

14 – Chefsache Prävention II: Mit Vorsorgemaßnahmen zum persönlichen und unternehmerischen Erfolg

15 – Chefsache Frauenquote: Pro und Kontra aus aktueller Sicht

16 – Chefsache Frauen: Männer machen Frauen erfolgreich

17 – Chefsache Männer: Frauen machen Männer erfolgreich

18 – Chefsache Social Media Marketing: Wie erfolgreiche Unternehmen schon heute den Markt der Zukunft bestimmen

19 – Chefsache Diversity Management

20 – Chefsache: Best of 2014/2015

21 – Chefsache Nachhaltigkeit: Praxisbeispiele aus Unternehmen

22 – Chefsache Leisure Sickness Syndrom: Warum Leistungsträger in Ihrer Freizeit krank werden

**Ihr Kontakt**

The Right Way GmbH, Geschäftsführer Peter Buchenau, Röntgenstraße 20

97295 Waldbrunn, Tel: +49 9306-984017

speaker@peterbuchenau.de www.peterbuchenau.de

# „Infotainment auf höchstem Niveau!"

**(Handelsblatt über Redner Zach Davis)**

**Der Redner**

Zach Davis begeistert seit über einem Jahrzehnt auf rund 100 Veranstaltungen jährlich durch seine mitreißende Rhetorik, seine Tipps mit einem Sofort-Nutzen und seine sehr unterhaltsame Art. Zach Davis ist (fast) immer der richtige Redner für Ihre Veranstaltung!

Zach Davis

**Die Schwerpunkte**

Zach Davis thematisiert drei spezielle Herausforderungen:

1) Die zunehmende Fremdsteuerung
2) Die immer weiter ansteigenden Anforderungen
3) Die steigende Informationsflut

**Der Fokus seiner Arbeit liegt in den letzten Jahren auf dem schließen der Lücke zwischen „Wissen/Verstehen" einerseits und der „Handlung im Alltag" andererseits.**

**Die Veröffentlichungen (Auszug)**

1 – Bestseller-Buch „PoweReading®", 6. Auflage (Leseeffizienz)

2 – Bestseller-Buch „vom Zeitmanagement zur Zeitintelligenz"

3 – Buch „Zeitmanagement für gestiegene Anforderungen"

4 – Buch „Zeitmanagement für Steuerberater"

5 – Entwicklungsprogramm „Produktivitätssteigerung Arbeitsentlastung"

6 – Entwicklungsprogramm „Veränderungen: Souverän durch turbulente Zeiten"

7 – Entwicklungsprogramm „Schlüsselfaktoren effektiver Kommunikation"

8 – Entwicklungsprogramm „Stressreduktion"

**Film über Zach Davis**

www.peoplebuilding.de/zach-davis/vita-film

**Ihr Kontakt**

Peoplebuilding, Tel.: 08171-23842-00, info@peoplebuilding.de, www.peoplebuilding.de.

Unterlagen (Portrait, Referenzschreiben etc.) erhalten Sie auf Anfrage gerne!

.

Printed in the United States
By Bookmasters